D0993785

Îles grecques + Grèce

ALBANIE

▲ Mont Olym

G R È C E

CORFOU
Corfu ●

● Larissa

● Igoumenitsa

PAXOS

Karditsa ●

MER IONIENNE

● Lamia

LEUCADE ● Lefkada

CEPHALONIE *ITHAQUE* ● Mesolongi De ∴

● Patras

ZANTE Olympie ∴ Corinthe
Argos ●

ÎLES IONIENNES *Péloponnèse*

Sparte ●
Pylos ● Kalamata ●
∴

MER MÉDITERRANÉE

ANTI C

N

S

100 km

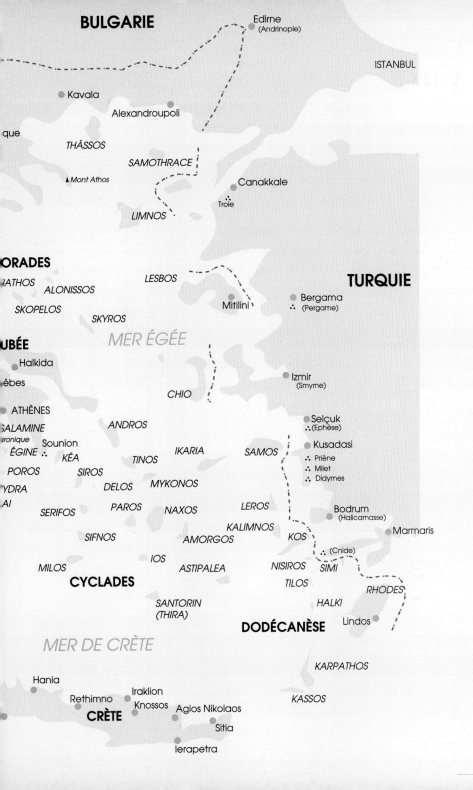

LA MÉTHODE
ASSIMIL®

POURQUOI ATTENDRE POUR APPRENDRE UNE NOUVELLE LANGUE ? UNE DEMI-HEURE CHAQUE JOUR SUFFIT AVEC LA MÉTHODE ASSIMIL !

FAITES VOTRE CHOIX PARMI LES 37 LANGUES DU CATALOGUE

Où que vous alliez sur terre,ne partez pas sans avoir consulté les tarifs des vols Go Voyages.

VITE UN

GO VOYAGES

Voler moins cher, c'est simple comme GO

VOL

Dans votre agence de voyages ou au :
01 44 09 06 22
3615 GO (2,23F/mn)

Brodeuse de dentelles. L'art du crochet est une véritable tradition dans la plupart des îles. Il rythme la journée des femmes.

L a Grèce n'est pas seulement la terre d'Athènes, de Sparte, de Delphes ou d'Olympie, mais aussi celle des quelque deux mille îles et îlots qui bordent ses contours et la prolongent aux limites de la mer Égée, vivants témoignages de son extension durable sur les marches du continent asiatique. Par commodité, on classe les îles grecques en différents groupes qui correspondent à leur situation géographique, mais cette division est souvent artificielle et ne reproduit pas les découpages imposés par les hommes. Isolées et fragiles, âprement disputées, les îles grecques ont beaucoup souffert, mais inégalement, des vicissitudes de l'Histoire. Dans l'Antiquité, les îles qui ne peuvent atteindre une autonomie suffisante ou obtenir la protection durable d'un État plus fort sont pillées, servent de repaires aux pirates ou de terre d'exil… Au premier millénaire de notre ère, insuffisamment protégées par l'Empire byzantin, beaucoup sont victimes des invasions barbares, puis arabes. Les Croisades les font apprécier des

peuples du Nord, surtout des Vénitiens et des Génois, du XIIIe s. au XVIe s., époque à partir de laquelle la puissance turque s'installe en Méditerranée orientale. Mais pendant ces périodes agitées, les îles suivent un sort inégal. Certaines échappent même à l'occupation de l'envahisseur ottoman, mais sont conquises par les Français ou les Anglais. Même le rattachement définitif des îles à la Grèce se fait très progressivement, de 1830 à 1948. Seule la présence d'une citadelle fortifiée, le *kastro**, au-dessus du chef-lieu de chacune d'elles, apparaît comme le souvenir commun d'une histoire diverse, mais souvent dramatique.

Plus que par les aléas de l'Histoire, c'est par la religion des Anciens que les îles sont

Terre d'art et de culture, la Grèce compte de nombreux artisans aux productions remarquables (ci-contre). Le komboloi, sorte de chapelet, est inlassablement égrené par les hommes pour passer le temps… (en haut).

unies, deviennent indissociables de l'identité grecque et forment un tout avec le continent. Éloignées et peu accessibles ou, au contraire, havres de paix et de repos pour le marin fatigué, mais toujours parées du mystère indispensable au divin, les îles développent l'imagination des Anciens, qui font de certaines le berceau de leur mythologie. Ainsi, les hauts sommets de la Crète auraient donné naissance à Zeus et l'île de Samos à son épouse, Héra. Aphrodite, née dans la mer, se serait réfugiée à Cythère, puis à Chypre. La nature même de l'île n'est pas sans rapport avec la croyance qui s'y attache : les eaux sulfureuses de Lemnos en font le séjour d'Héphaïstos, dieu du feu, l'emplacement central de Délos au milieu des Cyclades contribue à son caractère

sacré : l'inquiétante montagne de Samothrace aurait accueilli le culte à mystères des Cabires ou Grands Dieux… Rares sont les îles d'importance qui ne sont pas liées à un récit mythologique ou à celui d'un épisode de l'*Iliade* ou de l'*Odyssée* dont l'auteur lui-même serait, selon certains, né à Chio et mort à Ios. Conséquence immédiate de cette croyance, d'importants sanctuaires, de Délos à Samothrace, en passant par la Crète, Rhodes, Milos ou Égine, enrichirent ces terres qui avaient déjà porté la civilisation minoenne (que d'aucuns considèrent comme celle de la fabuleuse Atlantide) ou les artistes de la sculpture cycladique, dont la modernité étonne encore aujourd'hui. De ces richesses du passé, les îles ont conservé d'impressionnants vestiges.

Les îles sont riches d'une architecture variée, telle la somptueuse mairie (gauche) ou les ruelles pavées du centre-ville de Syros (droite).

Toutefois, actuellement, les îles grecques ne sont pas seulement de passives gardiennes des témoignages de l'histoire antique de la Grèce. Elles développent une réelle activité qui fait vivre presque un million et demi de personnes sur leur sol, soit 15 % de la population totale de la Grèce.

Si, dans leur majorité, elles offrent des paysages montagneux, des côtes agrémentées de criques et de plages, la diversité de leur formation d'origine, parfois volcanique et tourmentée, et leur éparpillement géographique ne permettent pas de les dépeindre uniformément. Cependant, toutes offrent des lieux de séjour originaux, aux activités variées sous des climats différents, toujours source de culture ou de repos bienfaisant.

Grande jarre, ou Pythos, *qui contenait des aliments secs à Mallia, en Crète (ci-dessus). Il y a toujours un endroit ombragé où il fait bon se reposer... et se désaltérer (ci-dessous).*

La Grèce antique

Âge du bronze (3650-1070 av. J.-C.)

2800	Crète : civilisation minoenne, appelée également égéenne ou crétoise
2800-2200	civilisation florissante à Poliochni sur l'île de Lemnos
v. 1650-1630	explosion volcanique dans l'île de Théra
1600	habitat minoen sur Cos
1400	civilisation de Céphalonie
v. 1375	fin de la civilisation minoenne

Période géométrique* (1070-720 av. J.-C.)

v. 1000	les habitants de l'Eubée envahissent Chio
900	les Phéniciens fondent Thasos (selon Hérodote)
743	fondation de Corfou par les Corinthiens
v. 720	colonisation de Samothrace par les Lesbiens

Période archaïque (720-480 av. J.-C.)

v. 680	fondation d'une colonie à Thasos par Pàros
640	fondation de Leucade par les Corinthiens
612	Salamine passe sous la domination athénienne
v. 500	Lemnos devient une colonie d'Athènes
493	Chio est ravagée par les Perses

Période classique (480-338 av. J.-C.)

480	victoire navale des Grecs à Salamine
478	fondation de la Ligue de Délos par les Athéniens
463	prise de Thasos par les Athéniens
456	prise d'Égine par les Athéniens
431	Céphalonie s'allie à Athènes contre Corcyre
430	les Spartiates échouent dans la conquête de Zante
366	fondation de la ville de Cos par les Doriens

Période hellénistique et romaine (à partir de 338 av. J.-C.)

189	les pirates de Céphalonie sont réduits par les Romains
83	sac de Délos par Sylla après la révolte de la Grèce contre Rome
59 ap. J.-C.	saint Paul arrive en Crète
67 ap. J.-C.	les Romains s'emparent de la Crète qui forme, avec Gortyne pour capitale, une seule et grande province avec la Cyrénaïque
95 ap. J.-C	saint Jean est exilé à Patmos par Domitien

Dates clés

La Grèce moderne

395	Byzance maintient son influence sur la Crète
824	les Arabes en Crète fondent Candie (jusqu'en 961)
1204	les Vénitiens occupent la Crète et Rhodes
1204-1207	les Vénitiens s'emparent des Cyclades qu'ils dirigent depuis Naxos
1267	les princes d'Anjou conquièrent Corfou
À partir de 1300	conquête progressive de la Grèce sur les Vénitiens par les Turcs
1346	Chio, centre d'un "empire" génois (Samos, Lemnos, Lesbos, Samothrace, Thasos) jusqu'en 1566
1386	Corfou devient vénitienne
1391	les Chevaliers installent l'enceinte de Cos
1414-1475	Samos est génoise, puis devient turque
1467	occupation de Leucade par les Turcs
1485	Zante est occupée par les Vénitiens
1500	les Vénitiens s'installent à Céphalonie occupation de Chio, Chypre, Naxos et des Cyclades par les Turcs
1523	les Turcs prennent Cos et Rhodes aux Chevaliers
1537	les Turcs s'emparent de Patmos
1566	les corsaires prennent Naxos aux Vénitiens
1571	la flotte chrétienne s'assemble à Sâmi, en Céphalonie, avant la victoire de Lépante sur les Turcs, au large de l'île d'Oxia
1669	les Turcs prennent Candie après 21 années de siège
1684	Leucade devient vénitienne
1797	les Français occupent les îles Ioniennes
1808	Céphalonie devient anglaise
1822	massacres dans l'île de Chio par les Turcs
1830	les Cyclades redeviennent grecques
1864	les Anglais rendent aux Grecs les îles Ioniennes qu'ils occupaient depuis 1815
1912	Chio, Samos et Lesbos sont rattachées à la Grèce les Italiens occupent le Dodécanèse, dont Cos et Rhodes
1913	la Crète et Thasos sont rattachées à la Grèce
1920	Lemnos est rattachée à la Grèce
1941	la Crète est envahie par les troupes allemandes aéroportées
1943	Céphalonie : sanglants combats entre Allemands et Italiens
1948	rattachement du Dodécanèse, dont l'île de Rhodes, à la Grèce
1959	autonomie de l'île de Chypre

Les îles
Ioniennes

L es îles Ioniennes représentent la partie la plus extrême de la Grèce en direction de l'Occident. Elles dépassent même la frontière tracée sur le continent en remontant le long de la côte albanaise, évocation du passé mythique d'extension de la Grande Grèce, et s'étendent vers le sud le long du Péloponnèse. Se distinguant des autres, cinq grandes îles s'échelonnent du nord au sud, Corfou, Leucade, Ithaque, Céphalonie et Zante.

Leur passé a été fortement marqué par les conquêtes successives des envahisseurs venus du Nord ou de l'Occident : Normands, Vénitiens, Russes de 1799 à 1807, Français jusqu'en 1815, puis Anglais jusqu'en 1864 évitèrent aux îles, excepté Leucade, une longue domination turque, à la différence de toutes les autres régions de la Grèce.

L'influence italienne est présente dans l'architecture et la peinture, marquant ainsi une forte originalité par rapport à la tradition byzantine répandue dans le reste de la Grèce. Les îles Ioniennes sont montagneuses et offrent vers l'ouest des côtes souvent escarpées et d'un accès difficile, alors que les plaines

La côte des îles Ioniennes est découpée et très sauvage (pages précédentes).
Coucher de soleil sur la mer Ionienne avec, au loin, Corfou (ci-dessous).

aux pentes douces caractérisent les côtes orientales, qui accueillent la plus grande partie des agglomérations.

C'est au large de la petite île d'Oxia, qui semble poursuivre dans la mer l'extrémité sud-ouest de l'Acarnanie, que se déroula la bataille dite de Lépante, en octobre 1571.

CORFOU (Kérkyra)

Située la plus au nord, Corfou est également l'île la plus peuplée des îles Ioniennes, atteignant presque 100 000 habitants. De forme très allongée, tel un croissant dont la concavité serait tournée vers le continent, elle possède des rivages accueillants et de splendides paysages, dominés par les versants du **Pantocrator**, qui culmine à plus de 900 mètres. Le climat doux et humide favorise le développement d'une végétation abondante et variée où l'olivier est roi, atteignant des hauteurs imposantes comme dans l'Italie méridionale. À l'ouest, au nord et au sud, la côte abrite de

Lakka

PAXOS

ANDIPAXI

MER IONIENNE

N

S

20 km

LEUCADE Lefkada

Komili Nidri

Vassiliki

Ag. Nikolaos

Fiskardo
Stavros

Assos

CÉPHALONIE

Ithaki

Aethos *ITHAQUE*

Lixouri

Sâmi

Argostoli

Mont Ainos
▲1628 m Poros

Metaxata

Skala

Les îles Ioniennes

Korithi

GOLFE D
PATRAS

Anafonita

ZANTE

Zakynthos

Agalas Laganas

Vasiliko

Keri

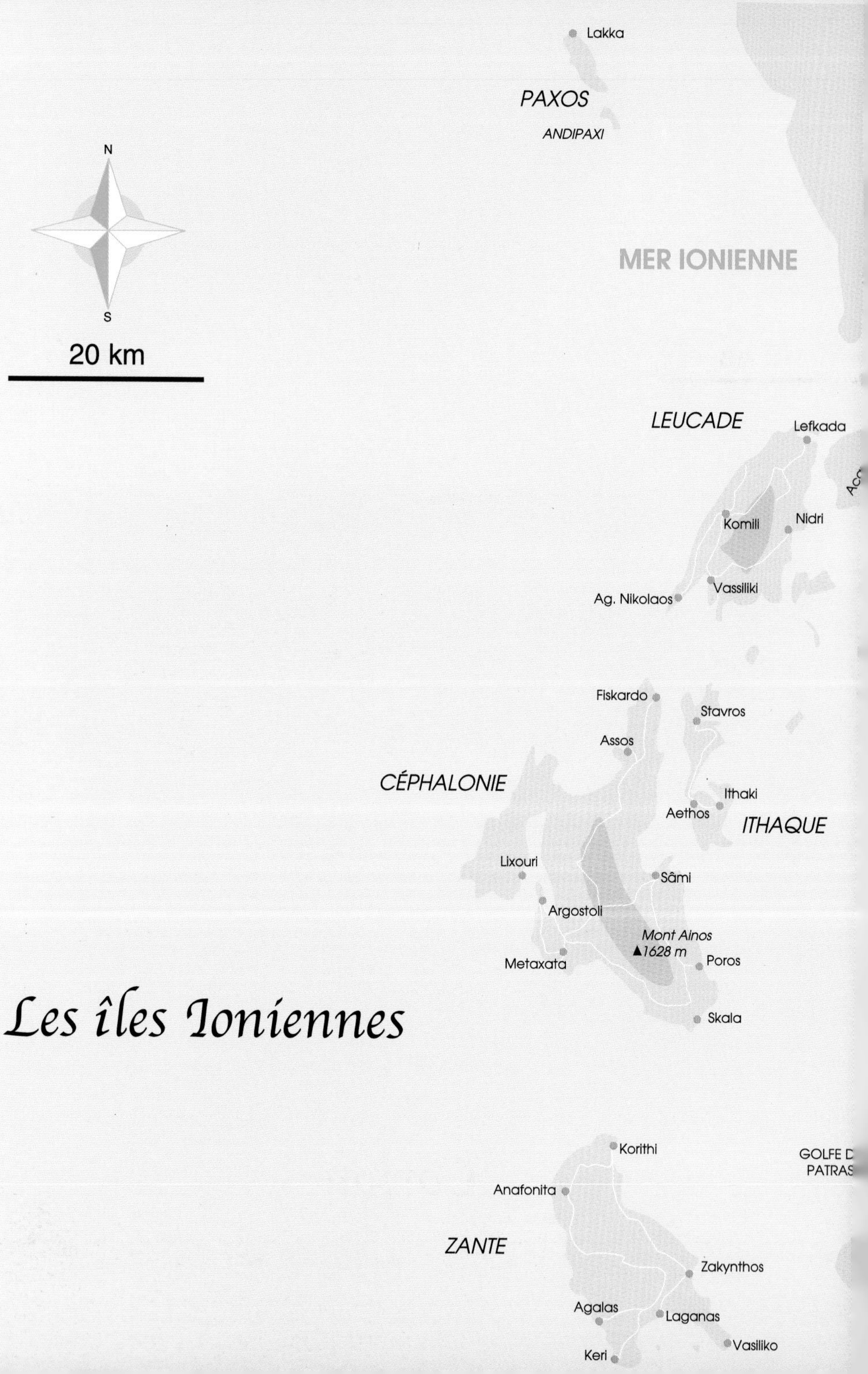

10 km

Roda

Sidari

Kassiopi

ALBANI

Mont Pantocrator
▲ 906 m

Skipera

Nissaki

Paleokastritsa

Gouvia

Potamos

Kerkira

∴

Pelekas

Kanoni

PONDIKONISSI

Achillio

Ag. Gordis

Benitses

Ag. Matheos

Messongi

Argirades

Lefkimmi

MER
IONIENNE

Kavos

Corfou

L'île de la Souris (Pondikonissi) est occupée dans sa (petite) totalité par une église.

Terrasse d'un restaurant dans la campagne de Corfou.

Pâture sereine dans les hauteurs de Corfou (haut, gauche). L'âne est une monture
au pied assuré sur les chemins escarpés de l'île (haut, droite). Le vieux Corfou mérite
le détour : la forteresse (bas, gauche) et un balcon fleuri (bas, droite).

belles plages de sable, telles que celles d'**Hagios Georgios**, de **Roda** ou de **Kavos**.

Au centre, la cité de **Corfou** tournée vers le continent, s'est développée sur une pointe et a gardé de ses origines défensives des rues étroites, bordées de hautes maisons, qui rendent agréable une promenade dans la vieille ville surplombée, à l'est, par la massive construction de l'ancienne citadelle. La grande esplanade, où fut bâtie en 1816 la résidence des gouverneurs anglais, aujourd'hui **Palais royal** abritant un musée d'art asiatique, est ornée de monuments divers et est bordée, sur l'un de ses côtés, de maisons à arcades élevées par des architectes français du premier Empire. Vers le sud, non loin de la mer, le musée archéologique, construit en 1962, abrite les nombreux témoignages antiques trouvés dans cette île au riche passé historique.

Corfou se prête à de merveilleuses excursions dans la montagne, d'où les vues sont magnifiques. L'**Akhilleion**, aujourd'hui transformé en casino, mais qui fut une résidence construite en 1890 pour Élisabeth d'Autriche (l'impératrice Sissi), mérite une visite.

Les restes archéolo-

giques de l'antique **Corcyre** sont concentrés au sud de la ville moderne, dans le secteur qui s'étend entre le quartier de **Garitsa** et le promontoire de **Kanoni**. Les temples de l'acropole* se trouvent dans l'ancien parc royal de **Mon-Repos**, mais la visite des sites archéologiques commence par le cénotaphe* de **Ménécrates**, notable de Corcyre, vers 600 av. J.-C. Ce monument circulaire de 4,7 mètres de diamètre était couronné d'un lion en pierre, aujourd'hui exposé au musée archéologique.

En descendant le long de la baie de **Garitsa**, vers le sud, on découvre les ruines de la basilique de **Paleopolis**, élevée dans la première

Retour de pêche sur l'une des îles de l'archipel.

moitié du Ve s. sur les restes d'une antique agora* et construite par remploi de pierres de divers monuments, comme le prouve la décoration à têtes de lion de la paroi nord, venant probablement du temple d'**Artémis**. Ce dernier, plus à l'ouest, est un édifice fondamental de l'architecture monumentale grecque. Il en constitue l'exemple le plus ancien en pierre. Construit vers 590-580 av. J.-C., il était dorique*, octostyle*, et chaque fronton était décoré de sculptures. Seul le fronton ouest a pu être retrouvé. Conservé au musée archéologique, il représente l'une des **Gorgones**, **Méduse**, entourée de ses enfants, **Chrysaor** et **Pégase**, le cheval ailé. Sur le site, à trente mètres à l'est du temple, le grand autel rectangulaire en pierre, avec sa décoration de métopes* et de triglyphes*, et le mur de soutènement de la stoa* du sanctuaire conservent la mémoire de ce lieu sacré consacré à la farouche déesse protectrice des jeunes filles. Plus au sud, entourées d'oliviers centenaires et légèrement en contre-bas, les ruines du temple dorique* de **Kardaki**, bâti à la fin du VIe s. av. J.-C., dégagent une atmosphère très romantique.

LEUCADE (Lefkada)

Si proche de la côte d'**Acarnanie**, qu'un pont construit en 1987 sur la lagune peu profonde en a fait une presqu'île, Leucade, la Sainte-Maure des Vénitiens, est une terre monta-gneuse aux paysages variés, aux côtes découpées, bordées de marais salants à l'est. Ses plaines cultivées sont réputées pour leur production de raisins secs. Sa forme en amande serait presque parfaite, n'était la longue pointe rocheuse qui la prolonge vers le sud et s'interrompt brusquement par une falaise de plus de 70 mètres, ou "saut de Leucade". Dans l'Antiquité, on précipitait les criminels du haut de cette falaise, et ils étaient graciés s'ils en réchappaient. La poétesse **Sappho**, née à Lesbos vers 600 av. J.-C., s'y serait suicidée pour l'amour du jeune **Phaon**, resté sourd à ses avances. Habitée dès l'époque néolithique, l'île fut colonisée par les **Corinthiens**, qui fondèrent la cité éponyme* en 640 av. J.-C. Tous les sites antiques sont concentrés sur la côte orientale, de Leucade à **Vassiliki**, et un musée archéologique rassemble les documents retrouvés sur place : céramiques, stèles funéraires…

Les restes des monuments antiques sont peu spectaculaires. De l'antique Lefkas seules subsistent une partie des murailles à deux kilomètres et demi au sud de la ville moderne, ainsi que les ruines d'un théâtre du IIIe s. av. J.-C. À Nidri, l'archéologue Dörpfeld, à la recherche d'une Ithaque qui aurait confirmé les descriptions données par Homère, a découvert une nécropole de trente-trois tombes datant de la fin du troisième millénaire. Au "saut de

Leucade", les ruines d'un célèbre sanctuaire d'Apollon attestent du caractère sacré du site, considéré par les Anciens comme une entrée de l'enfer à l'une des extrémités du monde.

ITHAQUE (Ithaki)

Formée de deux montagnes reliées par un mince cordon de terre, l'île d'Ithaque est plus proche de **Céphalonie** que du continent. Le chef-lieu éponyme*, également appelé **Vathy**, est attrayant avec ses petites maisons blanches disposées au fond d'une étroite baie incurvée comme la *cavea** d'un théâtre. L'île légendaire, capitale du royaume d'**Ulysse**, qui s'étendait sur trois autres îles dont celles de Céphalonie et de **Zante**, n'offre paradoxalement que peu de vestiges archéologiques attestant du passage supposé des Mycéniens sur cette terre. Toutefois, la baie de Vathy a été identifiée comme le Phorkys d'Homère, crique où les Phéaciens ramenèrent Ulysse. La grotte de **Marmarospilia**, à trois kilomètres de la cité, serait la grotte des Nymphes où ils le déposèrent avec leurs dons. Selon Schliemann, c'est à la source d'**Aréthuse**, aujourd'hui à Perapigadi, à 190 mètres d'altitude au-dessus de Vathy, qu'**Eumée**, le fidèle pâtre gardien des biens d'Ulysse, aurait abreuvé son troupeau de porcs, dont l'abri se trouve-rait sur le haut plateau de **Marathia** à 280 mètres d'altitude, sous la forme d'anciens murs sur la colline d'**Elliniko**. Au sud, **Port Andréas** semble avoir été le lieu où **Télémaque** débarqua sur l'île, après avoir déjoué l'embuscade que lui avaient tendue les prétendants de sa mère dans l'îlot d'**Astéris**, aujour-d'hui **Daskalio**, au large de Stavros. Schliemann a proposé de recon-naître le "palais d'Ulysse" dans les ruines du **mont Aetos**, qui étaient celles d'une cité grecque du VIIe s. av. J.-C., l'ancienne **Alalkomenai**, mais des fouilles menées par des Anglais situent ce palais dans la partie nord de l'île, à **Pelikata**, à proximité de Stavros, au nord de la petite baie de **Polis**, où on peut encore voir un sarco-phage archaïque. En parcourant

Statue dans les jardins de l'Akhilleion (Corfou).

les chemins d'Ithaque, il est bon de se rappeler qu'Homère la qualifiait d'"île des Chèvres" et que Pénélope, courageusement, y espérait le retour de son époux.

CÉPHALONIE (Kefalonia)

Couverte de forêts, dominant la mer de 1 628 mètres au **mont Ainos**, plantée d'arbres fruitiers et de vignes, d'oliviers et de cyprès, Céphalonie, la plus vaste des îles Ioniennes, possède un indéniable charme. Sa forme compliquée offre les particularités les plus étranges : le golfe fermé d'**Argostoli** qui isole la presqu'île de **Lixouri** et, à l'opposé, la presqu'île d'**Assos** qui s'étend vers le nord le long d'**Ithaque**. Des grottes à **Sâmi** et des gouffres à **Argostoli**, où est encore visible un des anciens moulins mus par la force de la mer, témoignent de la nature tourmentée des lieux.

La ville d'Argostoli a souffert du tremblement de terre de 1953, qui lui a enlevé une

grande partie de son caractère vénitien. Elle abrite un musée historique, qui garde le souvenir de ce qu'elle fut autrefois, et un musée archéologique où sont conservés les documents antiques trouvés lors des fouilles menées dans l'île.

Tout proche, le *Kastro**, siège de l'ancien chef-lieu dévasté au XVIIᵉ s. par un tremblement de terre, étale ses ruines émouvantes.

Le premier habitat remonte au moins au IIIᵉ millénaire av. J.-C., à l'époque où furent édifiées les nombreuses tombes à plan circulaire découvertes sur le site de l'antique **Krane**, à cinq kilomètres à l'est d'Argostoli. À **Mazarakata,** à huit kilomètres d'Argostoli, une autre nécropole mycénienne abrite plusieurs *cistes** creusées dans la roche, ainsi que

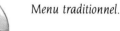

Menu traditionnel.

des *tholos**, avec de longs *dromos** d'accès. À proximité de **Poros**, petite ville balnéaire au sud-est, se trouvent les ruines d'une villa romaine du IIᵉ s. av. J.-C., avec de belles mosaïques et les restes d'une forteresse antique, le **Paliokastro**, qui conserve un mur appareillé* d'environ trois ou quatre mètres de haut .

À trois kilomètres à l'ouest de **Digaleto**, d'un accès malheureusement difficile, la forteresse antique de **Pirghi** est en excellent état de conservation. À **Sâmi**, qui fut la cité

ZANTE (Zakinthos)

Île méridionale faisant face à l'extrême pointe occidentale du **Péloponnèse**, Zante a fait rêver les Vénitiens, qui succombèrent à son charme et l'appelèrent *Fiore di Levante* (fleur du Levant), tant étaient grandes la beauté de sa végétation et la douceur de son climat. Les plages de Zante sont aujourd'hui réputées pour leur sable fin.

Les tremblements de terre ont malheureusement éprouvé plusieurs fois l'île, et celui de 1953 détruisit,

La ville de Corfou depuis le Kastro*.

Sur la mer Ionienne.

la plus importante de Céphalonie à l'époque hellénistique, existent encore quelques monuments antiques : les restes des fortifications du IIIᵉ s. av. J.-C., le môle du port dans la rue Navarinou, une maison hellénistique au 52, rue Dichaliou, une maison d'âge classique à Kaminia, des thermes décorés de mosaïques dans le quartier de **Loutro**.

dans le chef-lieu éponyme*, une grande partie des églises et des maisons vénitiennes qui en faisaient l'originalité, à l'exception du *Kastro**, l'ancienne citadelle, qui surplombe la ville de 110 mètres et offre une vue superbe sur le golfe de **Patras**. Un musée des Beaux-Arts rassemble une collection d'icônes du XVIᵉ s., des sculptures sur bois et d'autres souvenirs de l'ancienne ville.

Le golfe Saronique

*P*roches d'Athènes, les cinq îles du golfe Saronique offrent un grand dépaysement au visiteur cherchant à fuir la moiteur de la capitale. Elles sont le lieu où affluent traditionnellement les Athéniens en fin de semaine, pour se promener ou se baigner.

SALAMINE (Salamina)

Célèbre pour avoir donné son nom à la rencontre fatale entre les Perses et les Grecs, en 480 av. J.-C., rencontre qui décida de la liberté de la Grèce antique, Salamine est paradoxalement pauvre en vestiges archéologiques, mais a gardé pour les connaisseurs le cadre inchangé de ce combat naval, dans une baie aux contours immuables. Un des rares monuments antiques attestés est le tumulus de **Kynosoura**, qui aurait recueilli les corps des marins et des soldats grecs victimes de ce fameux affrontement. La prétendue **"tombe d'Ajax"** située à **Haghios Nikolaos**, au sud de l'île, devant l'îlot de **Peristeria**, ne serait qu'une tour destinée à monter la garde face au golfe Saronique.

ÉGINE (Egina)

En revanche, l'excursion en bateau à Égine, outre le plaisir qu'elle procure par la découverte de l'immense baie dont elle occupe le centre, permet de visiter, caché sur la hauteur au cœur d'une forêt de pins, le temple d'**Aphaia**, magnifiquement conservé. Consacré à une déesse d'origine crétoise assimilée à **Athéna**, ce petit temple dorique* en calcaire coquillé, recouvert de stuc, daté de la fin de l'Archaïsme (fin du VIᵉ s. av. J.-C.), présente une nouveauté architecturale avec un dédoublement en hauteur de sa colonnade intérieure. Les sculptures des deux frontons, de très belle qualité, sont à présent à la Glyptothèque* de Munich. Le calme de ces lieux et l'enchantement qui en émane contrastent fortement avec l'agitation qui règne sur les plages de l'île, au demeurant fort agréables, comme celle, toute proche, d'**Haghia Marina**.

Renommée pour ses cultures de pistachiers, Égine abrite également les ruines intéressantes à découvrir de

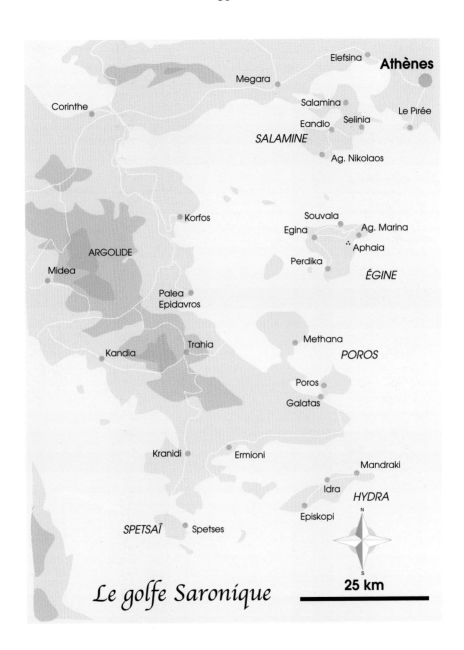

Le golfe Saronique

25 km

Départ pour la pêche depuis le port d'Égine (pages précédentes). Réparation de filets à Hydra (ci-contre).

À Hydra, les Athéniens se retrouvent facilement le temps d'un week-end.

Paleokhora, ancien chef-lieu de l'île sous la domination des Vénitiens, abandonné au XIXe s.

POROS

Séparée de l'Argolide par un étroit chenal donnant à sa baie l'aspect intime et rassurant d'un lac, Poros envoûte le voyageur qui l'aura choisie comme lieu de séjour par ses oliveraies, ses cultures de citronniers et le parfum enivrant de ses pinèdes.

Curieusement et malgré son nom évocateur, l'île souffre d'un manque d'eau qui oblige parfois à un ravitaillement par le continent. Les maisons des grands marins, ces héros qui conduisirent les principales attaques contre les Turcs, véritables musées de l'histoire de l'île, s'ouvriront aux visiteurs intéressés qui sauront développer des contacts amicaux avec les habitants, heureux de faire connaître ces trésors, légitimes objets de leur fierté.

HYDRA (Idra)

Étonnante barre rocheuse qui transforme en rade le sud de l'Argolide, Hydra abrite un chef-lieu éponyme* qui s'est développé comme un théâtre grec, au fond d'une étroite crique, et qui ne se découvre qu'au dernier instant au voyageur étonné.

SPETSAÏ (Spetses)

Très prisés des Athéniens, les séjours et les promenades sont agréables sur Spetsaï, verdoyante et plantée de pins, qui abrita des marins courageux luttant pour l'indépendance, dont les maisons sont également à découvrir.

Après-midi tranquille à Égine.

Bien que située à l'extrême sud du Péloponnèse et plus proche des Cyclades et de la Crète, Cythère est historiquement rattachée aux îles Ioniennes pour avoir partagé avec ces dernières les diverses occupations

qu'elle retourne lorsque les dieux de l'Olympe la surprennent auprès de son amant Arès après qu'Héphaïstos, son malheureux époux averti par Hélios, les eut fait prisonniers et enfermés dans un

Cythère

turque, vénitienne, française et anglaise, mais elle est aujourd'hui administrativement rattachée à l'Attique.

Par sa position géographique, elle n'est pas favorisée par une riche végétation, avec sa terre aride aux cultures rares, présentant ainsi un curieux démenti à l'imagination moderne qui, la sachant consacrée par les Anciens à Aphrodite, la parait de vertus idylliques.

Manifestement, la nature ne pouvait donner à Cythère ce que lui apportèrent les interprétations picturales d'un Watteau ou littéraires d'un Baudelaire. Même le mythe reste bien flou… On ne sait combien de temps Aphrodite resta sur l'île. En effet, à peine sortie de la mer, si Aphrodite est portée par les vents d'abord à Cythère, elle est rapidement conduite jusqu'à la côte de Chypre. Et c'est encore à Chypre

filet à mailles invisibles.

Il ne reste rien du temple consacré à la déesse que Cythère aurait élevé en souvenir de ce divin et court séjour.

La ville du même nom est au cœur d'une rade admirable que domine la citadelle vénitienne que l'on trouve traditionnellement dans les îles Ioniennes.

Plus au sud, la toute petite île d'Anticythère est célèbre pour la découverte dans ses eaux d'un éphèbe* en bronze à l'intérieur d'une épave antique, œuvre magistrale du IVe s. av. J.-C., exposée au Musée national d'Athènes.

Les
Cyclades

isposées en cercle autour de **Délos**, d'où leur nom (*kyklos* veut dire cercle) ces îles ont, depuis toujours, hanté l'imagination des hommes. Peut-être sont-ce leurs crêtes roussies par le soleil impitoyable de l'**Égée**, ou leurs criques, refuges des marins fuyant les meltems, ces vents violents du nord-est, qui les ont distinguées des autres îles et ont fait de ces lieux, marqués par un climat difficile, des terres d'exception ? Peut-être les dieux, ne pouvant rester insensibles, ont-ils été avec elles merveilleusement bienveillants comme le raconte la mythologie ?

Le IIIe millénaire av. J.-C. fut particulièrement brillant pour les îles où se développa une civilisation avancée, dont la production la plus caractéristique est une statuaire d'excellente qualité, celle des fameuses "idoles" taillées dans le marbre de **Pàros** et de **Nàxos**, qui sont la preuve de l'originalité des Cyclades et le premier témoignage insulaire du travail de cette roche calcaire. De petite et de moyenne taille, figures surtout féminines et quelquefois masculines, trouvées dans les habitats et dans les tombes, ces statues qui frappent par leur recherche de proportions calculées, par leur sens du trait et du dépouillement, équilibré par un naturalisme rendu par la couleur, posent une multitude de problèmes non éclaircis. Comment étaient-elles fabriquées ? À quoi servaient-elles puisqu'elles étaient nombreuses dans les habitations ? Étaient-elles des déesses de la fécondité ou de simples femmes ? Pourquoi ont-elles été restaurées dès le troisième millénaire, prouvant par là leur grande valeur pour l'époque ?

Autre mystère, cet art savant et très élaboré, utilisant le compas et les rapports mathématiques, n'a pas fait école…

ANDROS

Fondée par **Anios**, fils du Crétois **Rhadamante** et petit-fils de **Zeus** et d'**Europe**, Andros, la deuxième île des Cyclades en superficie et la plus septentrionale de l'archipel, prolonge l'**Eubée** et est habitée depuis le XIe s. av. J.-C. Bénéficiant

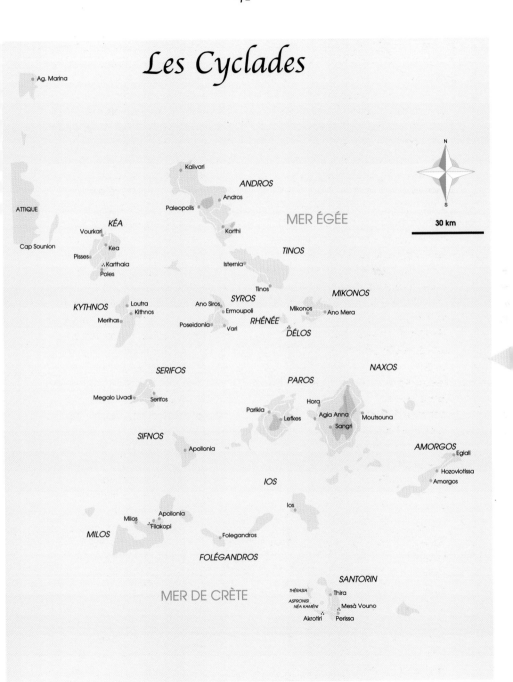

À flanc de falaise, le monastère de la Hozoviotissa est l'une des curiosités d'Amorgos (pages précédentes). Joueur de conque (ci-contre).

d'un climat équilibré, l'île est un agréable lieu de séjour. Une route conduit sur la côte occidentale à de belles plages et à la cité antique de **Paleopolis**, construite sur un rocher. Certains vestiges de cette cité sont exposés au musée archéologique du chef-lieu éponyme*.

TINOS

Consacrée au couple divin de la mer, **Poséidon** et **Amphitrite**, l'île offrait l'abri de sa côte méridionale, près de l'antique **Tenos**, aux marins victimes des agitations du détroit qui la sépare de Mikonos, balayé sans répit par le meltem. Le site antique de **Kionia**, à quatre kilomètres de Tinos, abrite le sanctuaire et un petit musée archéologique. Au même titre que Pàros et Nàxos, l'île fut une productrice de marbre d'excellente qualité pendant l'Antiquité. Tinos est connue pour ses pigeonniers, petits édifices blancs sur lesquels les motifs ajourés permettant le passage des volatiles tracent des figures géométriques sombres et élégantes.

MIKONOS (Mykonos)

Les rochers de l'île granitique de Mikonos auraient peut-être servi à **Poséidon** pour anéantir les géants lors de leur lutte implacable contre les dieux. Mais, aujourd'hui, l'île est réputée pour ses paysages sauvages, ses petites maisons blanches au toit plat et aux volets de couleurs vives, séparées par d'étroites ruelles pour déjouer la force du meltem, ses petites criques et ses plages.
Elle est le point de passage obligé pour qui veut se rendre à Délos dont les côtes sont déconseillées aux grands navires. Au nord de la ville, un peu isolé, un musée regroupe les céramiques trouvées à **Rhénée**, dans la "fosse de purification" qui recueillait les corps et les offrandes des habitants de Délos, qui n'avaient pas le droit d'y mourir.

Tout n'est pas blanc et bleu dans les Cyclades : ici les hauts d'Amorgos (ci-dessous).

DÉLOS (Dilos)

L'histoire et la topographie de Délos ont été transmises par les textes littéraires antiques. Ainsi, connaît-on la vie politique et religieuse depuis l'époque archaïque jusqu'à la fin de la période hellénistique. Mais la révélation des cultes des dieux, la configuration de l'architecture religieuse, civile et domestique, la connaissance de l'organisation générale de la cité sont le fait des fouilles archéologiques.

L'histoire légendaire raconte sa fondation. **Léto**, fille des Titans **Coeos** et **Phoebé**, enceinte des œuvres de Zeus, parcourt le monde à la recherche d'une terre pour l'accueillir: toutes refusent par crainte des colères d'**Héra**, l'épouse de Zeus. Arrêtée à Délos, Léto supplie l'île de lui permettre d'accoucher et promet que son fils y fondera un sanctuaire. Enserrant un palmier, elle met au monde **Artémis** puis **Apollon**. Alors l'île se couvre d'or et

des cygnes la survolent sept fois… Ce dénouement extraordinaire est raconté dans *L'hymne à Délos*, de Callimaque (IIIe s. av. J.-C.).

On dit aussi que l'Apollon de Délos n'était pas celui de Delphes et que, ayant en horreur les deux phases par lesquelles s'ouvre et se ferme la vie des humains, il fit interdire à la fin du Ve s. av. J.-C., par les Athéniens, toutes naissances et morts sur l'île, prérogatives qui revinrent à Rhénée ou la Grande Délos, aujourd'hui **Rinai**, séparée de Délos, à l'ouest, par un chenal.

Apollon était le dieu prééminent et un sanctuaire lui fut dédié avec ses trois temples juxtaposés (VIe, Ve et IIIe s. av. J.-C.), ses portiques et autres bâtiments, dont le célèbre autel des **Cornes**, qu'il aurait lui-même élevé en groupant des cornes de chèvres réunies par sa sœur **Artémis** et que les textes anciens appellent l'"autel de Délos". On peut encore voir les témoignages du sanctuaire des

Les ruelles sont escarpées à Santorin la volcanique (ci-dessous).

taureaux et le tombeau des vierges hyperboréennes*.

À Délos, si Apollon était le dieu majeur, un culte était aussi rendu à presque toutes les divinités de la Grèce : à Artémis et à sa mère Léto, à Dionysos, à Aphrodite, à Héraclès, et même à Héra dont le tempérament ombrageux fut à l'origine du caractère sacré du lieu. Des dieux étrangers côtoyaient aussi les dieux helléniques : ceux de Syrie, de Phénicie, d'Égypte…

L'architecture domestique a, elle aussi, laissé de nombreux vestiges et il est particulièrement intéressant de parcourir le "quartier hellénistique", celui du théâtre, de l'Inopos* et du stade. La maison délienne distribue ses pièces sur un rez-de-chaussée et un étage autour d'une cour. Certaines demeures plus luxueuses ont livré quelques pavements de mosaïques de tesselles* aux compositions simples ou très élaborées : villas des Tritons, d'Athéna, d'Hermès, des Masques, de Dionysos… Mais, paradoxalement, si c'est à Délos que les maisons domestiques de la Grèce antique sont peut-être parmi les mieux préservées, l'île, à l'exception des quelques gardiens et chercheurs, est aujourd'hui inhabitée.

Un musée expose de belles œuvres datant de la période archaïque, provenant du sanctuaire d'Artémis, d'autres de la période classique et des sculptures ou objets trouvés dans les maisons particulières.

Avant de délaisser la cité, il est agréable d'aller flâner au mont **Cynthe** où se situe le sanctuaire de Zeus et d'Athéna, et d'où la vue sur l'île et, par temps très clair, sur les Cyclades, est superbe.

NÀXOS

Thésée et **Ariane**, fille du roi **Minos**, fuyant **Cnossos** après le meurtre du **Minotaure**, arrivent à Nàxos pour une escale. Lorsque Ariane est endormie, Thésée reprend la mer avec ses marins et l'abandonne. À son réveil, son chagrin est de courte durée puisque **Dionysos** et son *thiase**, le joyeux cortège qui l'accompagne, débarquent dans l'île. Ébloui par la beauté d'Ariane, le dieu décide de l'épouser et de l'emmener sur l'Olympe.

L'île, la plus grande des Cyclades, particulièrement dynamique à l'âge du bronze et fort célèbre pour sa production de marbre dans l'Antiquité, devint la capitale de l'archipel pendant les trois siècles de l'occupation vénitienne. Elle garde aujourd'hui un aspect original avec ses pentes verdoyantes de part et d'autre de la crête qui la coupe du

Le pélican Petros est la mascotte de Mykonos (gauche). Clarté de la lumière de Pàros (droite, haut et bas).

nord au sud et culmine à plus de mille mètres, avec ses vallées fertiles où l'on cultive des agrumes, de la vigne, des céréales…

La visite de la citadelle, qui domine **Hora**, est intéressante, tout comme celle de la cité antique, mêlée à la ville moderne, qui présente les restes d'un temple archaïque, dont une porte monumentale, dédiée à Apollon. Un musée, dans l'ancien palais ducal, expose des idoles cycladiques. La partie nord de l'île se visite à partir d'une route pitto-resque qui court sur la ligne de crête et le long de laquelle les villages accrochés au flanc des collines sont entourés de cultures en terrasses.

PÀROS

L'extraction du marbre blanc, si soli-de et si fin qu'il en

Dédale d'escaliers à Santorin.

était transparent à la lumière d'une bougie, a rendu Pàros célèbre dans l'histoire de l'Antiquité et de ses créations artistiques. L'île, conquise par les Crétois au deuxième millé-naire av. J.-C., puis par les Ioniens vers 1000 av. J.-C., devient florissante au point de pouvoir monter une expédition vers le nord et de fonder une colonie à Thasos. Plus tard, les sculpteurs formés sur l'île se ren-

dront à Athènes où ils contribueront à créer les formes de l'archaïsme. La richesse découlant des carrières de marbre continuera d'être exploitée sous la domination romaine au IIe s. ap. J.-C.

Parikia, le chef-lieu moderne bâti sur la cité antique, est dominé par un *kastro** vénitien, lui-même construit sur les restes d'une acropole*. À six kilomètres à l'est, on peut se rendre aux anciennes carrières de marbre, situées dans la montagne, peu après le village de **Marathi**.

SANTORIN (Thira)

L'île de Théra, appe-lée Santorini par les Vénitiens en l'hon-neur de sainte Irène, ferme l'archipel des Cyclades par sa forme en croissant de lune, reste émergé d'une terre arrondie détruite par un séisme aux alentours de 1600 av. J.-C., qui fit disparaître sa partie centrale dont il ne subsiste, à l'ouest, que les pour-tours, les deux îles de **Thérasia** et d'**Aspronisi**. Les falaises hautes de trois cents mètres par rapport à la caldeira*, la partie envahie par la mer, montrent les diverses couches de lave crachées par le volcan, dont l'activité continua après cette violen-te catastrophe ; les poussées ultérieures du volcan ont créé deux îlots, **Palaia Kaméni** en 197 av. J.-C puis **Néa Kaméni** en 1925, d'où sortent encore aujourd'hui des fumerolles. Très récemment, en 1956, une forte éruption obligea la moitié de la population à quitter l'île.

La destruction brutale de Santorin, sa civilisation brillante et florissante sont aujourd'hui associées à l'histoire de l'**Atlantide** que **Platon** situait au-delà des colonnes d'Hercule, c'est-à-dire dans l'Atlantique, au dixième millénaire av. J.-C.

En effet si les premières fouilles effectuées à Santorin datent de 1856, c'est seulement à partir de 1960 que S. Marinatos découvrit dans la faille d'**Akrotiri** un habitat fait de maisons de deux à trois étages qu'il mit en relation avec la civilisation minoenne. On se demande aujourd'hui si Santorin et la Crète ne formaient pas une seule et même terre où se serait développée la civilisation fabuleuse de l'Atlandide.

La *Théra* préhellénique est impressionnante à découvrir. Comme pour la cité italienne de Pompéi ensevelie sous les cendres du Vésuve, les fouilles d'Akrotiri ont permis de mettre au jour les restes d'une petite ville enfouie sous plusieurs mètres de pierres et de poussières volcaniques.

L'organisation de la cité est bien éloignée de celle des constructions palatiales laissées par la Crète qui seules, ont résisté au temps. De toutes les rues étroites et tortueuses, une seule a été aujourd'hui complètement dégagée. Elle présente des maisons de pierre et de torchis avec portes, fenêtres et peintures murales, un système de collection des eaux usées, des magasins, des jarres… Les peintures ont fait l'objet d'une dépose et

d'une restauration de grande qualité et, avec les nombreuses céramiques à décor végétal ou animal, elles sont exposées au Musée national d'Athènes. À la différence de Pompéi, dont la population fut surprise par le cataclysme et ne put fuir à temps, Akrotiri était vide de ses habitants, prévenus suffisamment à l'avance de l'imminence de la catastrophe.

L'éruption qui détruisit l'île au XVIIe s. av. J.-C. la laissa inhabitée pendant trois siècles environ. Mais aux alentours du début du Xe s. av. J.-C., les Spartiates colonisèrent Théra et Hérodote explique ainsi la naissance, le développement et l'appellation de la cité du même nom : un certain Théras, d'origine phénicienne et régnant à Sparte, préfère s'embarquer pour Kallisté – "la très belle", nom de l'île – plutôt que de restituer son titre qui lui était contesté. À son arrivée, il constate que huit générations de descendants du Phénicien Membliàros occupent l'île depuis qu'ils y ont été laissés par Cadmos, à la recherche de sa sœur Europe.

Des ruines de la colonie spartiate subsistent sur le nid d'aigle de **Mesà Vouno,** haut de 360 mètres.

Mais les vestiges actuellement

Chapelle à Amorgos (gauche), sourire à Mykonos (droite); la Grèce est simple et authentique sur les îles.

visibles datent des IIIe et IIe s. av. J.-C., mêlés aux témoignages des époques julio-claudienne et antonine (Ier et IIe s. apr. J.-C.). Bien que très en ruine, on y reconnaît plusieurs temples, deux agoras*, un théâtre, deux gymnases, des thermes romains… À l'extrémité nord, le sanctuaire d'**Artémidoros de Pergé** présente d'intéressants bas-reliefs rupestres. Les promenades dans l'île, où les petites maisons blanches des treize villages existants tranchent avec le gris des roches, ainsi que les excursions en bateau jusqu'aux îlots de la caldeira*, sont très impressionnantes.

SYROS (Siros)

Au centre de l'archipel des Cyclades, l'île de Syros en est la

Séchage des filets à Pàros.

*Célèbre silhouette des moulins de Mykonos. Au fond, la Petite Venise, où les maisons,
avec leur balcon surplombant les flots, semblent posées sur la mer.*

capitale. Elle présente la caractéristique d'abriter une forte commu-
nauté catholique implantée par les
Vénitiens et qui survécut à l'occupation turque. Ermoupolis, ville bâtie
au XIXe s. dans un style néo-classique
après le rattachement à la Grèce,
s'étend au pied de deux collines,
dont celle d'**Ano Siros**, où se trouve
la vieille ville catholique aux charmantes rues étroites et sinueuses
montant à la cathédrale.

AMORGOS
Fine et longue, peu habitée,
Amorgos est propice aux promenades et dispose de nombreuses
plages. Il ne faut pas manquer de se
rendre au monastère de la
Hozoviotissa, dont la blancheur
immaculée tranche avec le rouge de
la falaise sur laquelle il est accroché,
et qui domine le bleu profond de la
mer d'une hauteur vertigineuse.
C'est sur cette terre que fut trouvée
l'"idole" de marbre de plus grande
taille – 1,20 m – conservée aujour-
d'hui à Athènes.

Ios
Certains auteurs anciens affirmaient
que la mère d'**Homère**, **Klymène**,
était originaire de Ios et que son fils,
venant de Samos pour se rendre à
Athènes, y serait mort pour n'avoir
su répondre à une énigme. Pausanias
(150 ap. J.-C.) raconte que les habitants de Ios lui firent voir la "tombe
d'Homère". Mais jusqu'à présent
aucun des vestiges retrouvés sur l'île

n'étaye ces affirmations.
Dénudée, aride et rocheuse, Ios
possède cependant de belles plages
et se prête aux excursions.

MILO (Milos)

Proche de Santorin, également volcanique et aride, Milo doit sa célébrité à l'**Aphrodite**, devenue la
Vénus de Milo, exposée au musée
du Louvre depuis 1821, œuvre de la
période hellénistique montrant la
déesse au repos, le pied gauche sans
doute posé sur le casque de son
amant **Arès** et se mirant dans son
bouclier.
Les vestiges d'une cité détruite vers
2000 av. J.-C. par un tremblement
de terre, puis reconstruite ultérieu-
rement, sont situés à **Filakopi**, l'ancienne Phylakopi, qui était le port
d'exportation de l'obsidienne, pierre
volcanique dont la dureté permettait
de fabriquer des lames tranchantes.
À Milo, l'antique Mélos, avait été
fondée la cité hellénique et romaine.
Dans l'agora* fut trouvée la fameuse
Aphrodite.

Panoramas de Santorin (*ci-dessus et pages précédentes*).
Clocheton-lanterne de Santorin (*ci-contre*).

SIPHNOS (Sifnos)

À l'époque archaïque, en 525 av. J.-C., la richesse de Siphnos en mines d'or et d'argent lui permit d'élever dans le sanctuaire de Delphes un "trésor", c'est-à-dire une petite architecture comportant un *pronaos** et un *naos**. Les bas-reliefs de la frise et du fronton de ce monument sont particulièrement remarquables : ils expriment la recherche et la spontanéité de l'archaïsme.

L'île, qui offre des plages et une campagne riante, est un agréable lieu de séjour mais fort dépourvu de vestiges antiques.

SÉRIPHOS (Sérifos)

Les mines de fer exploitées dans l'Antiquité avaient rendu célèbre Sériphos, qui était aussi à l'époque une terre d'exil. Elle est assez pauvre en témoignages antiques.

KYTHNOS (Kithnos)

L'île de Kythnos était, dès le néolithique, un point de passage intermédiaire du transport de l'obsidienne de Milo vers l'Attique et l'Eubée, ce qui lui apporta une certaine prospérité. **Loutra,** dans le nord, est connue pour ses sources thermales.

KÉA

La haute falaise du cap **Sounion** se dresse à l'extrême pointe de l'Attique, face à Kéa, la plus proche des Cyclades. Les vallées fertiles et les plages de Kéa en font un lieu de séjour attrayant.

Les traces d'habitat sur l'île remontent à la moitié du troisième millénaire av. J.-C., et sont situées au nord, près de **Vourkari**, sur la presqu'île d'**Aghia Irini** où elles ont été mises au jour.

Sur la côte sud-est, à **Karthaia**, l'ancien chef-lieu ionien, ont été bâtis sur une colline, non loin de la mer, un temple dorique* consacré à **Athéna**, daté du Ve s. av. J.-C., un temple à **Apollon** et un troisième temple consacré peut-être à **Déméter**.

L'antique **Ioulis**, située à un kilomètre de Kéa, mérite que l'on fasse un détour afin d'y voir un lion funéraire en haut-relief de neuf mètres de hauteur, taillé dans un rocher, daté du début du VIe s. av J.-C.

À Kéa, un musée archéologique regroupe les diverses pièces des fouilles d'Aghia Irini et de Karthaia.

Les Sporades
et l'Eubée

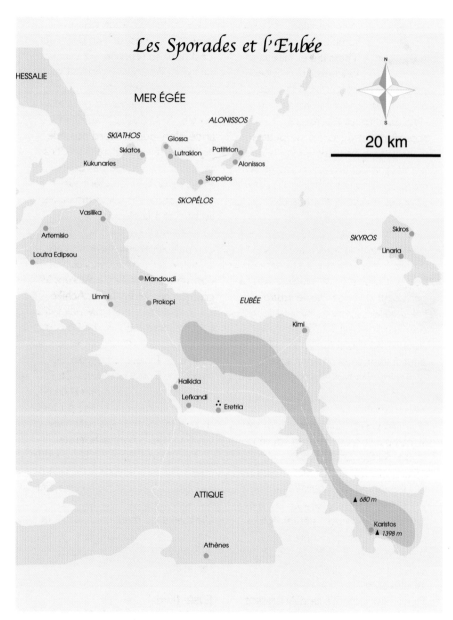

Les Sporades et l'Eubée

HESSALIE

MER ÉGÉE

N

S

20 km

ALONISSOS

SKIATHOS
Glossa

Skiatos
Lutrakion
Patitirion

Kukunaries
Alonissos

Skopelos

SKOPÉLOS

Vasilika

Skiros

Artemisio
SKYROS

Loutra Edipsou
Linaria

Mandoudi

Limmi
EUBÉE

Prokopi

Kimi

Halkida

Lefkandi
Eretria

ATTIQUE
▲ 680 m

Karistos
▲ 1398 m

Athènes

Un paysage des Sporades, Skyros aux formes douces et accueillantes (pages précédentes).

L'archipel des Sporades semble prolonger la **Thessalie** et faire la jonction avec l'Eubée par une succession de petites îles, constituées de collines boisées peu élevées, bordées de rivages accueillants et décorées de petites maisons blanches aux volets de couleur. La population vit traditionnellement de quelques cultures, de l'élevage des moutons et de la pêche.

La plus proche de la Thessalie, **SKIATHOS**, est couverte de pins et cultive l'olivier, bien que sa population soit tout entière tournée vers la pêche. Au nord de l'île, le *kastro**, l'habituelle forteresse médiévale, fut chef-lieu jusqu'en 1825 et présente aujourd'hui d'imposantes ruines. On peut, à loisir, se promener sur les agréables plages qui bordent la côte. En forme de triangle allongé, **SKOPELOS** offre un paysage d'oliviers, d'amandiers, d'arbres fruitiers et de vignes qui se partagent un sol réputé très fertile. Cette richesse naturelle a entraîné un important développement de la population, qui en fait l'île la plus peuplée de l'archipel. Les très nombreuses petites églises constituent l'un des intérêts de promenade, tandis que les belles plages et les criques accueillantes invitent au farniente.
Plus à l'est, la petite île d'**ALONISSOS** est très peu habitée. Sauvage et déserte dans sa partie nord, elle se laisse cependant visiter facilement à travers une végétation rase et moyenne. Elle est un lieu de séjour idéal pour se reposer.
Un peu à l'écart de l'archipel, la grande île de **SKYROS** est la plus étendue et présente un paysage contrasté : le Sud est sauvage et aride, alors que le Nord possède des terres fertiles et cultivées. Les petites plages, les criques et les grottes marines abondent sur la côte et appellent à la promenade, au bain et à la plongée.
Le chef-lieu éponyme*, sur la côte orientale, est dominé par le traditionnel *kastro** datant de l'occupation vénitienne, bâti sur l'acropole* grecque où, selon l'*Iliade*, **Achille** aurait cherché refuge parmi les filles du roi **Lycomède**, qui le déguisèrent en femme, afin de le soustraire à la guerre de Troie. Mais **Ulysse**, qui savait que Troie ne pourrait être prise sans lui, partit à sa recherche. Déguisé en marchand, il se présenta chez le roi et étala ses pacotilles en y mêlant des armes précieuses. Achille, appelé **Pyrrha** à la cour du roi, se précipita alors sur les armes et Ulysse n'eut ensuite aucune difficulté à le faire se dévoiler.
L'artisanat de meubles, sculptés et peints d'agréables couleurs, qui se développe à Skyros, intéressera l'amateur.

EUBÉE (Evria)

Séparée du reste de la Grèce par l'**Euripe** – étroit canal franchi par un pont depuis l'Antiquité – l'Eubée

Chez le boulanger.

n'en est pas moins une île, la deuxième en superficie derrière la Crète, et qui fut longtemps appelée **Nègrepont**, du nom du pont noir fortifié – Negro Ponte – bâti par les Vénitiens au Moyen Âge pour protéger son accès. C'est dans la baie d'**Aulis**, où se situe **Chalcis**, l'actuel chef-lieu dénommé aujourd'hui **Halkida,** qu'avant de partir pour Troie, **Agamemnon** aurait rassemblé sa flotte et voulu sacrifier sa fille **Iphigénie**, sauvée par Artémis qui lui substitua une biche.

Mais la richesse de l'Eubée antique

intérieure, dont l'une conserve une très belle mosaïque de galets à décor de **Néréides** et de **griffons**. Les restes du temple archaïque consacré à **Apollon Daphnéphoros** – porteur de laurier – sont peu visibles, mais les sculptures qui en proviennent, dont le célèbre groupe de l'enlèvement d'**Antiopé**, la reine des **Amazones**, par Thésée, sont exposées avec d'autres vestiges de valeur dans l'intéressant musée archéologique du site.

Dans les montagnes qui surplombent la ville de **Karistos**, au sud de

Paysage de Skiathos.

Ville de Skopelos.

était également due à **Érétria**, cité établie plus au sud, qui lutta longtemps contre Chalcis pour la possession de la plaine de l'actuelle **Lefkandi**. Les restes de cette cité sont étendus et intéressants. La forme bien apparente du théâtre, qui a perdu la plupart de ses gradins, permet d'en imaginer l'aspect ; la maison dite des mosaïques, datant d'environ 370 av. J.-C., possède des pièces disposées autour d'une cour

l'île, on exploite depuis l'Antiquité le cipolin, un marbre vert de grande qualité. Au nord, la belle station thermale d'Édipsos, aujourd'hui **Loutra Edipsou**, que l'on peut rejoindre depuis Chalcis par une route de montagne très pittoresque dominant la mer, mérite une visite.

Dispersées sur une superficie comparable à celle de la France, les îles grecques présentent des caractéristiques géographiques diverses, mais elles sont unies par le soleil, présent sans partage pendant presque la moitié de l'année, et par la mer, sillonnée

Reliefs, flore et climat

des vives couleurs d'innombrables caïques et égayée des sauts des dauphins sur l'écume. Tous deux leur apportent un climat toujours agréable, plus arrosé à l'Occident dans les îles Ioniennes, plus sec à l'Orient mais rafraîchi par le meltem, ce vent qui balaie la mer Égée pendant la sécheresse estivale et en atténue les ardeurs.

La rigueur des montagnes, qui forment la plupart des îles, est toujours compensée par des côtes aux criques accueillantes et souvent adoucies par une végétation variée. Se dressant au-dessus de la mer, les éminences peuvent paraître élevées, mais seules celles de la Crète se couvrent parfois de neige. Ici ou là, surgissant du sol, des sources sulfureuses sont autant de rappels des origines volcaniques des îles.

L'eau n'est pas toujours suffisamment abondante, la période estivale, où elle se fait rare, étant aujourd'hui celle qui attire le plus de visiteurs. Cette insuffisance conduit à trouver des solutions adaptées, allant parfois jusqu'au ravitaillement par citerne, comme à Hydra.

La végétation sauvage est très fournie dans les îles du Nord et de l'Occident, au climat plus humide. Parmi les îles Ioniennes, bien boisées, Céphalonie est réputée pour ses sapins qui couvrent le mont Ainos, mais le cyprès et le pin d'Alep sont partout. L'homme a développé à l'extrême la culture de l'olivier, qui remonte à l'époque de la civilisation minoenne, et a été continuée par les Vénitiens qui acceptaient de recevoir un tribut en huile. Ainsi, les hauteurs de Corfou et de Zante offrent le spectacle d'une mer d'oliviers. Les lentisques ont fait la célébrité de Chio et d'Égine. Les arbres fruitiers sont cultivés en grand nombre, et partout sont répandus les figuiers sauvages, tels ceux de Rhodes, qui abondent le long des routes et pour lesquels la cueillette est libre.

Les plaines de la Crète sont encore plus marquées par les fortes chaleurs qui caractérise le sud et qui, alliées à la douceur de l'air marin, leur donnent un climat presque tropical. Non seulement sur l'île poussent des palmiers-dattiers en plus des orangers ou des citronniers, mais ce sont surtout les bananes, vendues sur les marchés ou sur de petits étals au bord des routes, qui constituent une surprenante et délicieuse production locale.

Le Dodécanèse

*L*e nom de Dodécanèse perpétue le souvenir de la lutte pour le maintien de privilèges que voulait supprimer l'occupant turc et qui fit s'unir "douze îles" des Sporades du sud en 1908. Malgré cet effort, ces îles ne rejoignirent la Grèce que tardivement, en 1948. Le Dodécanèse regroupe, en fait, une vingtaine d'îles, mais Rhodes, Patmos et Cos s'en détachent en raison de leur importance historique ou religieuse.

RHODES (Rodos)

La fille de **Poséidon** et d'**Halia** – ou d'Aphrodite et d'un père qui n'est pas nommé – la nymphe Rhodos, parfois confondue avec Rhodé, est l'épouse d'**Hélios**, le Soleil qui voit tout. De leurs amours sont nés sept fils, les Héliades, qui tous devinrent d'extra-ordinaires astrologues dépassant, dans cette science, tous les hommes de leur temps. Le poète lyrique Pindare, au Vᵉ s. av. J.-C., dans l'une de ses odes, célèbre la naissance de l'île à qui la nymphe Rhodos a donné son nom. À l'époque la plus reculée, Rhodes fut certainement habitée par des émigrants de Crète et de la Grèce continentale, puis par ceux venus d'**Attique** et du **Péloponnèse**. À la fin du XIIᵉ s. av. J.-C., les cités de **Lindos, Ialysos** et **Camiros** sont fondées par les Doriens. Mais, une fois encore, le mythe explique la naissance de ces villes, qui connurent une grande prospérité. Ainsi **Ochimos** et **Cercaphos**, les fils aînés de **Rhodos** et d'**Hélios**, régnèrent sur l'île. Cercaphos épousa sa nièce **Cydippé**, fille de son frère, et de leur union naquirent trois fils, Lindos, Ialysos et Camiros qui, en se partageant le pouvoir, fondèrent les villes qui prirent leur nom. Ce n'est qu'à la fin du Vᵉ s. av. J.-C. que les trois cités fondent la ville de Rhodes, selon un plan orthogonal mis au point par **Hippodamos de Milet**.

La longue histoire de l'île fut ensuite, au IVᵉ s. av. J.-C., celle des alliances et des luttes, au gré de

Rhodes la médiévale (pages précédentes et ci-dessous) accueille de nombreux visiteurs chaque année.
Ici un mannequin en costume tradi-tionnel fait office de chasseur pour un restaurant (ci-contre).
Demeure tranquille sur l'île de Cos (ci-dessus).

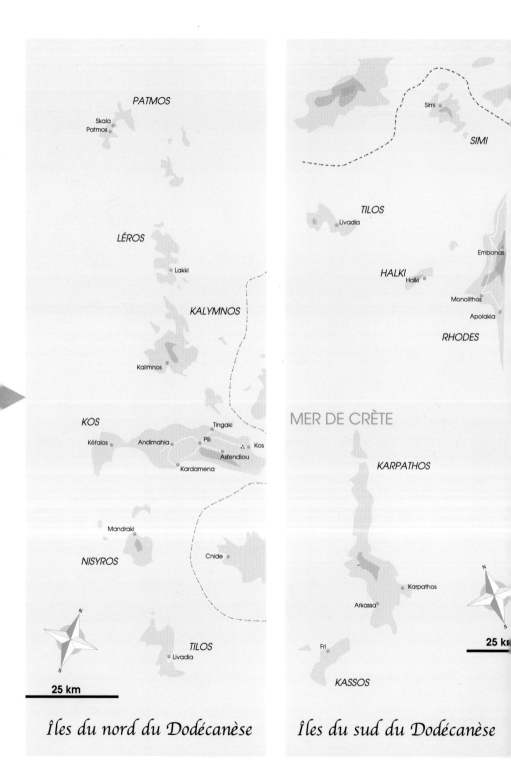

Îles du nord du Dodécanèse

Îles du sud du Dodécanèse

Rhodes

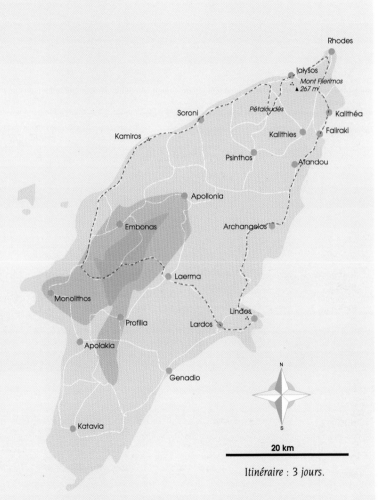

Rhodes

Ialysos
Mont Filerimos
▲ 267 m

Soroni   Pétaloudès   Kalithéa

Kamiros   Kalithies   Faliraki

Psinthos   Afandou

Apollonia

Embonas   Archangelos

Laerma

Monolithos   Lindos

Profilia   Lardos

Apolakia

Genadio

N

Katavia

S

20 km

Itinéraire : 3 jours.

Culture et détente, les deux atouts des îles grecques, vont de pair à Rhodes. Ici, l'acropole* de Lindos (ci-contre) et le paisible port de Symi (ci-dessus).

ses intérêts, avec ou contre Athènes, Sparte, les Perses, les Ptolémées d'Égypte… Au IIIe s. av. J.-C., elle noue des relations avec Rome, se développe, et le port de la ville de Rhodes devient le carrefour des routes maritimes entre l'Afrique, l'Asie, la Macédoine et l'Italie. Cette époque est celle de l'apogée de la cité, symbolisée par l'érection d'une gigantesque statue en bronze, le fameux **Colosse**, œuvre de **Charès de Lindos**. Elle représentait Hélios et dominait le port jusqu'en 227 av. J.-C., date à laquelle un tremblement de terre la mit à bas. Elle ne fut ni relevée, ni restaurée, pour respecter un oracle de Delphes. Cette statue de trente-deux mètres de hauteur était considérée comme l'une des Sept Merveilles du monde par les Anciens.

Au cours des siècles suivants, Rhodes prend le parti de Rome. Auguste lui donne le titre de "cité alliée" et Vespasien la rattache à l'Empire en la liant à la province d'Asie. C'est le moment où saint Paul la visite. Ensuite, elle vécut l'histoire de l'Empire, les vicissitudes des VIIe, VIIIe et IXe s. ap. J.-C. Au XIIIe s., les Génois, maîtres de l'île, accueillent les **chevaliers de Saint-Jean-de-Jérusalem**, qui s'y implantent et restent jusqu'en 1523. Plus tard, les Italiens libèrent l'île des Turcs

mais prennent leur place. En 1948, Rhodes retourne enfin à la Grèce. Dans la ville de Rhodes, après avoir découvert le petit port de **Mandraki** et ses pittoresques moulins à l'extrémité du môle où s'élevait peut-être le Colosse, il faut déambuler dans les rues typiques et tout particulièrement dans la **rue des Chevaliers**, encore pavée et bordée de bâtiments gothiques : auberges de France, d'Italie,

Chiffres clés

Nom	Chef-lieu	Groupe d'îles	Superficie	Population
Alonissos	Alonissos	Sporades	65 km²	1 500 h.
Amorgos	Amorgos	Cyclades	125 km²	1 800 h.
Andros	Andros	Cyclades	380 km²	9 000 h.
Astypaléa	Astypaléa	Dodécanèse	90 km²	1 100 h.
Céphalonie	Argostoli	Ioniennes	780 km²	27 000 h.
Chio	Hios	Égéennes	850 km²	50 000 h.
Corfou	Kerkira	Ionniennes	600 km²	97 000 h.
Cos	Cos	Dodécanèse	290 km²	20 000 h.
Crète	Iraklion		8 300 km²	500 000 h.
Cythère	Kithira		280 km²	3 400 h.
Délos	Dilos	Cyclades	3 km²	10 h.
Égine	Egina	Saroniques	83 km²	12 000 h.
Eubée	Halkida		3 600 km²	190 000 h.
Hydra	Idra	Saroniques	50 km²	2 700 h.
Ikaria	Hagh. Kirikos	Égéennes	260 km²	9 500 h.
Ios	Ios	Cyclades	110 km²	1 500 h.
Ithaque	Ithaki	Ioniennes	95 km²	3 500 h.
Kalimnos	Kalimnos	Dodécanèse	110 km²	12 000 h.
Karpathos	Karpathos	Dodécanèse	280 km²	3 000 h.
Kassos	Fri	Dodécanèse	60 km²	1 000 h.
Kéa	Kéa	Cyclades	130 km²	1 500 h.
Kythnos	Merihas	Cyclades	100 km²	1 500 h.
Lemnos	Mirina	Égéennes	470 km²	16 000 h.
Léros	Laki	Dodécanèse	60 km²	8 000 h.

Lesbos	Mitilini	Égéennes	1 650 km²	89 000 h.
Leucade	Lefkada	Ioniennes	300 km²	21 000 h.
Mikonos	Mikonos	Cyclades	85 km²	5 500 h.
Milo	Milos	Cyclades	150 km²	3 800 h.
Nàxos	Hora	Cyclades	430 km²	14 000 h.
Nisyros	Mandraki	Dodécanèse	35 km²	1 500 h.
Pàros	Parikia	Cyclades	195 km²	8 000 h.
Patmos	Hora	Dodécanèse	34 km²	2 500 h.
Poros	Poros	Saroniques	23 km²	4 000 h.
Rhodes	Rodos	Dodécanèse	1 400 km²	88 000 h.
Salamine	Salamina	Saroniques	95 km²	21 000 h.
Samos	Samos	Égéennes	480 km²	32 000 h.
Samothrace	Kamariotissa	Égéennes	180 km²	2 800 h.
Santorin	Thira	Cyclades	75 km²	6 500 h.
Sériphos	Sérifos	Cyclades	75 km²	1 200 h.
Simi	Simi	Dodécanèse	69 km²	3 000 h.
Siphnos	Apollonia	Cyclades	75 km²	2 000 h.
Skiathos	Skiathos	Sporades	50 km²	4 000 h.
Skopelos	Skopelos	Sporades	97 km²	4 500 h.
Skyros	Skiros	Sporades	220 km²	2 500 h.
Spetsai	Spetses	Saroniques	22 km²	3 700 h.
Syros	Ermoupolis	Cyclades	85 km²	20 000 h.
Thasos	Thasos	Égéennes	380 km²	13 000 h.
Tinos	Tinos	Cyclades	200 km²	8 000 h.
Zante	Zakynthos	Ioniennes	400 km²	30 000 h.

d'Espagne… Non loin de l'auberge d'Angleterre, la **rue Aristotelos** mérite le détour. L'**Hôpital des chevaliers**, imposant bâtiment du XVe s., abrite le musée archéologique. Son architecture intéressante, répondant au rôle qui lui était dévolu – grande salle pour les lits, réfectoire… – a été utilisée pour exposer les œuvres découvertes dans le Dodécanèse. On remarquera la gracieuse petite Aphrodite accroupie, se tournant vers un miroir pour se coiffer, œuvre du IIe s. av. J.-C.

Dans le palais des Grands Maîtres, forteresse du XIVe s. reconstruite avant la Seconde Guerre mondiale, on peut voir des mosaïques romaines et paléochrétiennes.
Il ne faut surtout pas quitter la ville sans s'être promené sur les remparts construits en grande partie au XIVe s., à l'emplacement de l'enceinte byzantine, et consolidés jusqu'au début du XVIe s.

Lindos, petite ville aux blanches maisons et aux rues tortueuses, est

L'île de Rhodes.

dominée par la haute colline de l'acropole* et s'ouvre sur une immense baie de roches et d'émeraude où la **rade Saint-Paul**, charmante petite crique fermée par une étroite passe, abrite une église consacrée au saint apôtre et une jolie plage de sable fin.

De raides et longs escaliers, qui peuvent être montés à dos d'âne, conduisent à la porte de la citadelle, élevée par les Chevaliers, qui mène à l'acropole* d'où la vue est merveilleuse sur toute la baie. À l'en-

droit le plus méridional et le plus haut a été édifié un temple dédié à **Athéna Lindia** au VIIIe s. av. J.-C., reconstruit au IVe s. après un incendie. En ce lieu, on voit encore les traces des *propylées**, de l'escalier monumental et d'une *stoa** dorique*, c'est-à-dire d'un portique qui comprenait, ici, deux ailes en retour.

La grande période de prospérité de la cité, au VIe s. av. J.-C., est celle des quarante années du gouvernement de **Cléobule**, considéré comme l'un des **Sept Sages**.

Kamiros a été la plus petite ville de l'Antiquité à Rhodes. On raconte que le premier sanctuaire de Zeus a été élevé par **Althaiménès,** petit-fils de **Minos,** qui s'était réfugié sur son sol afin que l'oracle qui lui avait prédit le meurtre de son père ne se réalise pas. Mais le destin voulu par les dieux s'accomplit, puisqu' Althaiménès, pensant avoir affaire à un pirate, tua son père **Crateus,** venu le rechercher.

Le site de **Kamiros** est actuellement assez difficile à appréhender, mais de nombreux vestiges ont été mis au jour qui prouvent l'activité de la cité antique. On y découvre un temple, une fontaine, une citerne, un petit bâtiment appelé "trésor"... Toutes constructions qui semblent dater, dans leur dernier état, de l'époque hellénistique.

Le cerf, symbole de l'île de Rhodes, est reproduit sur des supports variés (ci-dessus).
Superbe clocher découvert (ci-contre).

Pindare, avec lyrisme, a célébré la naissance de Rhodes. Invité par les gens de l'île, il les a écouté raconter les légendes qui ont façonné leur terre. Ainsi, le héros **Forvas,** fils d'un *hoplite** de Thessalie, arrive à **Schédia,** le port de **Ialysia,** avec sa sœur Parthénia. Aussitôt invité par Thameus et fort touché par cette hospitalité, il prédit à son hôte qu'après sa mort des sacrifices en son honneur seront célébrés par des citoyens libres.

De fait, après la mort de Thameus, Ialysos, l'antique Ialysia, acquit une certaine autonomie vis-à-vis de Lindos et de Kamiros.

Autour de Ialysos ont été découvertes de nombreuses nécropoles mycéniennes dispersées sur des collines et sur le mont Philérimo, aujourd'hui **Filérimos,** où se situent la plupart des monuments antiques. Les restes du temple d'Athéna Polias, IIIe-IIe s. av. J.-C., la basilique paléochrétienne du VIe s. ap. J.-C., l'église byzantine et l'église des Chevaliers méritent qu'on s'attarde en ces lieux qui invitent au silence et à la réflexion.

Sur les hauteurs de **Filérimos,** on peut, en maints endroits, voir les ruines des tours de la fortification byzantine et, de là, redescendre visiter l'église d'**Haghios Georghios Chôstos** dont la voûte est couverte de fresques des XIVe et XVe s. Non loin de la ville de Rhodes, la vallée des Papillons, **Petaloudès**, et l'ancienne station thermale de **Kalithéa** constituent un agréable dépaysement.

PATMOS

Au nord de l'archipel du Dodécanèse, Patmos, la plus petite des douze îles, est constituée de trois massifs rocheux d'importance inégale, reliés par deux isthmes.

été exilé par Domitien en 95 ap. J.-C., y composa l'*Apocalypse* dans une grotte, toujours visible, située à mi-chemin entre Skala et Hora. Malgré les vicissitudes que Patmos a connues pendant plusieurs siècles, le souvenir et le culte du saint disciple ont progressivement favorisé le développement du site en attirant les érudits, les moines et les pèlerins, changeant ainsi fort heureusement le destin de cette île transformée en terre d'exil par les Romains.

Les hauts murs gris et crénelés du monastère de Saint-Jean à Hora, bardés de puissants contreforts et

Les souvenirs touristiques abondent sur les lieux historiques, que ce soient des reproductions d'œuvres classiques ou des fantaisies moins sophistiquées.

Un petit port, **Skala**, est installé sur l'un des deux isthmes, tandis que le chef-lieu, **Hora** ou Patmos, est blotti à l'intérieur de l'île, dont la côte découpée compose de merveilleux paysages et abrite de multiples plages.

Aujourd'hui encore, on ressent fortement dans l'île la présence de **saint Jean**, l'apôtre qui, après avoir

dont l'aspect monumental est renforcé par le cercle des maisons blanches de la ville, sont impressionnants. À l'intérieur, l'architecture des bâtiments, qui s'échelonnent du XIe au XVIIe s., donne une impression d'austérité. Un petit musée présente

Le monastère de Saint-Jean domine l'île de Patmos et ressemble plus à une forteresse qu'à un lieu de prière.

les pièces les plus précieuses de la bibliothèque et le trésor du monastère, constitué d'objets sacerdotaux de grande valeur : vêtements liturgiques brodés, crosses, croix, médailles...

Cos (Kòs)

La superficie et la forme allongée de Cos, qui la placent juste derrière Rhodes dans le Dodécanèse, ainsi que la proximité de la côte anatolienne où se développa Halicarnasse, l'actuelle **Bodrum**, ont sans doute été les facteurs déterminants de son importance dans le monde antique. L'île est fertile, jouit d'un climat agréable qui lui apporte cependant suffisamment de pluies, et dispose de belles plages qui font d'elle un lieu de séjour fort plaisant.

Malgré les trois tremblements de terre de 142, 469 et 554 ap. J.-C., qui mirent à terre nombre d'édifices, l'attrait de Cos tient aussi à l'ampleur des vestiges de son riche passé, dont l'île peut s'enorgueillir à juste titre et qui lui valut l'appellation d'"Alexandrie de la mer Égée" quand une intense vie culturelle s'ajouta aux richesses matérielles. Elle garde aussi la marque de la présence des Chevaliers de Rhodes, pendant plus de deux siècles, de 1303 à 1522.

Comme dans les autres grandes îles de l'Égée, la capitale éponyme* faisant face à l'Orient est protégée par un *kastro**, en l'occurrence le château des Chevaliers de Rhodes construit à partir de 1450. Il

offre dans ses murs d'intéressants exemples de remploi dont, au-dessus de la porte d'entrée, une frise ayant appartenu à l'autel de **Dionysos** découvert quatre cents mètres plus au sud dans les fouilles de la cité antique. Celle-ci, assez étendue, se répartit dans trois sites : le quartier du port et de l'agora*, qui est le plus riche, la zone de l'autel de Dionysos et la zone occidentale où se trouvent l'acropole* et les thermes. Dans les maisons romaines, dont l'une a été partiellement reconstituée, on peut apprécier le décor de mosaïques. À l'intérieur du petit théâtre hellénistique, entièrement restauré, a été trouvée la statue d'Hippocrate, aujourd'hui exposée au musée archéologique de la ville parmi d'autres œuvres de qualité.

École de médecine et hôpital, le sanctuaire consacré au dieu guérisseur, d'origine thessalienne, Asklépios, fut bâti après la mort d'Hippocrate, natif de l'île et qui, le premier, avait observé et décrit en ce lieu les symptômes des maladies. En déambulant sur les quatre terrasses à flanc de colline de ce site encore grandiose, aménagé au IVe s. av. J.-C. et agrandi par les constructions romaines, on imagine la foule des pèlerins se pressant à la recherche de la guérison dans les thermes, autour des temples, près des autels et devant les vasques distribuant l'eau de la source bénéfique, décorée d'un bas-relief du dieu Pan. La présence active des Romains sur ce site sacré est rappelée par un petit temple d'ordre ionique*, dédié à Néron, "nouvel Asklépios", élevé par Stertinius, médecin de l'empereur Claude, celui-là même qui aurait procuré à l'impératrice Agrippine le poison destiné à assassiner son mari.

Les autres îles du Dodécanèse, toutes intéressantes à visiter pour leurs caractéristiques propres et leur originalité, se répartissent régulièrement, d'abord le long de la côte d'Asie Mineure pour **Léros** et **Kalymnos**, ensuite entre Cos et Rhodes pour **Nisyros**, **Tilos**, **Simi** et **Kalki**, enfin entre Rhodes et la Crète pour **Karpathos** et **Kasos**.

Deux îles rompent cet alignement presque parfait : **Astipalée** est à mi-chemin sur la route des Cyclades, tandis que l'îlot de **Kastelorizo**, le château rouge des Chevaliers, que l'on joint par commodité au Dodécanèse, est accolé à la côte anatolienne très loin vers l'est.

Les murs crénelés de Patmos plongent le visiteur dans une ambiance médiévale (gauche).

Les îles de
la mer Égée

Paysanne sur l'île de Chio (ci-dessus).
Éponges vendues sur le port (ci-contre).

D ressées face à la côte turque, les îles égéennes sont là pour rappeler, s'il en était besoin, l'extension et l'influence de la Grèce antique, dont la puissance provenait aussi de l'Asie Mineure, source de richesses humaines et matérielles. Toutes les grandes îles de la région sont redevenues grecques, après avoir subi une très longue occupation turque, à l'exception de deux d'entre elles qui gardent le débouché stratégique des Dardanelles et de la mer Noire.

THASOS (Thassos)

Thasos, de forme presque ronde, offre, au milieu d'admirables paysages montagneux et boisés, de réelles richesses archéologiques, sous un climat humide qui ressemble plus à celui de la Thrace qu'à celui des autres îles égéennes. La très brillante civilisation de l'île antique, fondée par les habitants de Pàros en 680 av. J.-C. sur l'exploitation du marbre, de l'or, et d'une agriculture florissante, s'observe dans les ruines de la cité gréco-romaine,

dont l'intéressante visite doit être complétée par celle du musée du site, rassemblant les sculptures et bas-reliefs qui n'ont pas été transportés au musée archéologique d'Istanbul, dont un *kouros** *criophore**. La ville antique, à l'image de bien d'autres, s'étale derrière un port. Sur l'agora*, cœur battant de la cité, à présent bien en ruine, s'élèvent les portiques et les différents temples consacrés à Héraclès, à Dionysios, à Artémis, à Poséidon et à Athéna. En direction de l'acropole*, on atteint les restes du théâtre. Depuis l'acropole*, sur laquelle subsistent les restes d'une forteresse médiévale génoise, une vue magnifique s'ouvre sur la haute montagne de Samothrace. Les parties restantes de la muraille de marbre, dont les différentes portes étaient décorées de bas-reliefs représentant les divinités majeures de la cité, fait unique dans le monde grec, permettent d'admirer un beau travail d'assemblage de la pierre.

Au sud de l'île, les carrières proches d'**Aliki** sont un intéressant exemple de l'exploitation du marbre dans l'Antiquité.

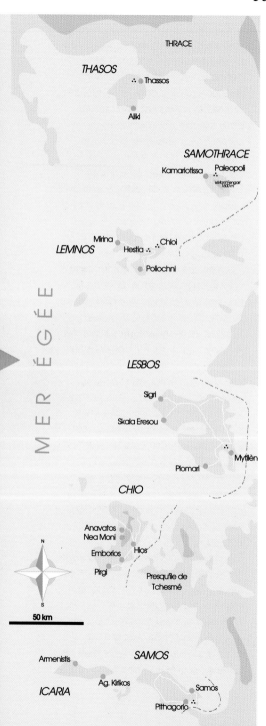

SAMOTHRACE (Samothraki)

La montagne de Samothrace, la plus haute de la mer Égée après les sommets crétois, s'élève à plus de 1 600 mètres au **mont Fengari**, d'où l'on peut observer par temps clair un paysage grandiose ; à l'ouest, les hauteurs du **mont Athos** et celles, plus modestes, dominant l'antique Troie vers l'est... Et, avec Homère, on songe à ce que voyait Poséidon assistant aux combats meurtriers entre Grecs et Troyens.

Peu fréquentée, restée sauvage et mystérieuse, Samothrace est encore riche des vestiges du passé religieux qui la faisait accueillir, au-dessus de Paleopoli fondée par les Lesbiens, un célèbre sanctuaire initiatique ouvert de manière permanente à tous, hommes libres et esclaves, adultes et enfants, Grecs et non-Grecs. Le rite des mystères regroupait plusieurs divinités, communément appelées Grands Dieux, dont le nom n'était révélé qu'aux initiés : Axieros, la divine Mère dans laquelle les Grecs reconnaissaient Cybèle ou Déméter, secondée par les Cabires*, assimilables aux Dioscures*, formait avec le démon ithyphallique* Cadmilos le couple de la fécondité auquel s'opposaient deux divinités infernales, Axiokersos et Axiokersa, identifiées à Hadès et à Perséphone. Avant l'initiation, qui comprenait deux étapes, les candidats étaient rassemblés dans un petit théâtre circulaire pour recevoir un enseignement préliminaire. Le premier degré de l'initiation se déroulait dans l'Anaktoron, et l'initié recevait une bague de fer qu'il frottait contre la pierre magnétique dans laquelle était sculptée l'image divine. Ensuite, après une confession purificatrice, le myste* effectuait un sacrifice dans le Hiéron, prêtait serment et recevait la révélation qui était peut-être une promesse d'éternité et de protection contre les dangers de la mer. Les cérémonies se concluaient par un banquet sacré qui rassemblait l'ensemble des adeptes.

Le site archéologique, quoique très en ruine, est visible et permet de se plonger dans le parcours mystérieux suivi par les adorateurs des Grands Dieux. Un intéressant musée, par ses maquettes et sa reconstitution des lieux, facilite cette approche.

Au sud du théâtre, installée sur le point le plus haut du sanctuaire et pouvant être aperçue par les marins croisant au large de l'île, se dressait une majestueuse victoire ailée sur la proue d'un navire reposant dans un bassin. On suppose que cette statue est une offrande rhodienne aux dieux Cabires*, pour célébrer une victoire navale. Elle fut reconstituée et transportée au musée du Louvre en 1863 par Champoiseau, consul de France à Andrinople, la moderne Edirne.

LEMNOS (Limnos)

Le littoral tourmenté de Lemnos est caractéristique d'une terre d'origine volcanique, dont témoignent encore

aujourd'hui des sources sulfureuses. La sécheresse du sol, aride et dépourvu de zones boisées, est atténuée par les douces pentes des collines qui meurent dans la mer pour former d'immenses et accueillantes plages de sable fin. Habitée dès le IVe millénaire av. J.-C., carrefour privilégié dans la mer Égée, Lemnos a développé une civilisation originale fondée sur le monopole du travail du bronze. À la population préhellénique de l'île, les Pélasges, pourraient être liés les Thyrréniens d'Étrurie, qui fondèrent la civilisation étrusque, comme le prouveraient l'écriture archaïque de la stèle du Ve s. av. J.-C. trouvée à Kaminia et la céramique de bucchero* noir fabriquée à Héphaïstia au VIIe s. av. J.-C.

La capitale, **Mirina**, est placée au centre d'une grande baie divisée par un haut promontoire qui abritait une cité antique, dont le souvenir aujourd'hui se limite au rempart de la citadelle, mais d'où la vue est superbe. Au nord de la citadelle, la "plage grecque" déroule à l'infini sa courbe élégante et régulière, à peine rompue par une petite avancée rocheuse.

Au sud-est, à **Poliochni**, des vestiges de la cité antique, du quatrième millénaire au XVIe s. av. J.-C., expliquent l'agencement organisé des rues, des magasins, des boutiques et des maisons. À Héphaïstia, aujourd'hui **Hestia**, principale agglomération de Lemnos aux temps reculés, on peut observer les ruines d'un sanctuaire archaïque du VIIIᵉ-VIᵉ s. av. J.-C. À **Chloi**, au nord, se développa le culte des Cabires*, provenant peut-être de Phrygie, avant qu'il ne se diffuse dans un contexte différent à Samothrace et à Thèbes. Héphaïstos serait le père des deux Cabires*, démons du travail du métal et protecteur des marins, alors que Cabiro, secondée par les Nymphes cabiriques, serait la mère de Cadmilos, déesse de la fécondité. Mais, à la différence des rites initiatiques de Samothrace, ceux de Lemnos ne sont pas connus.

Sur le site subsistent les ruines de trois **télestérions*** où devaient être pratiquées les initiations : l'un est un grand édifice rectangulaire hellénistique dont on peut encore voir quelques colonnes doriques*, un autre, daté du IIIᵉ s. ap. J.-C., réplique fidèle du premier, détruit un siècle auparavant par un tremblement de terre, a été élevé sur le premier **télestérion*** du site bâti au VIIᵉ s. av. J.-C.

LESBOS

La plus grande île du nord de la mer Égée est célèbre pour la beauté de

ses deux golfes intérieurs, pour la fertilité de ses sols, pour ses nombreuses plages, ses innombrables oliviers et pour la qualité de l'ouzo de **Plomari**. Blottie dans un repli de la côte anatolienne qui l'enserre au nord et au sud, elle est l'île de la poétesse Sappho. Sa capitale, **Mytilène**, est tournée vers l'Asie Mineure, avec laquelle elle entretenait autrefois d'étroites relations commerciales. Une citadelle génoise médiévale domine l'est de la ville, qui possède deux musées : le musée des icônes et un musée archéologique abritant des céramiques, des

sculptures et des mosaïques provenant d'une maison romaine découverte dans la cité antique et illustrant des scènes de comédies du poète Ménandre, Orphée charmant les animaux, Socrate et ses disciples... Tout proche, à **Varia**, un petit musée expose d'intéressantes œuvres naïves du peintre Théophilos (1873-1934). À l'endroit le plus élevé de la cité antique, à l'ouest de la ville actuelle, s'élève un théâtre du IIIᵉ s. av. J.-C., dont la *cavea*° pouvait accueillir plus de 10 000 spectateurs et qui aurait impressionné Pompée, général romain chargé de chasser

les pirates qui infestaient la mer Égée, à un point tel que, selon Plutarque, il l'aurait pris comme modèle pour faire construire le premier théâtre en pierre de Rome sur le Champ de Mars, en 55 av. J.-C. Cette initiative était une première du genre puisque le sénat romain s'était toujours opposé à l'édification d'un théâtre en matériaux durables dans la cité. Pour détourner cette contrainte, Pompée fit placer un temple dédié à Vénus au sommet de la *cavea**, dont les gradins menaient ainsi à l'édifice sacré.

CHIO (Hios)

À seulement huit kilomètres du sol turc, Chio répète la forme en croissant de la grande presqu'île de **Tchesmé** qu'elle redessine dans la mer. La partie nord de l'île, très montagneuse et culminant à près de 1 300 mètres dans un paysage de forêts de pins, se prolonge par une crête nord-sud d'où les vallées, fertiles et verdoyantes, descendent perpendiculairement vers la mer bordée de belles plages. Chio est connue pour sa production de "mastic", gomme à mâcher produite à partir de la résine du lentisque, espèce de pistachier, dans les villages génois de la **Mastikohoria**, région sud de l'île. Le succès de cette production ne connut pas de ralentissement, même pendant la longue période d'occupation turque.
Le chef-lieu du même nom est orienté vers la côte asiatique et la vieille ville possède encore les remparts élevés par les Génois au XIVe s. Un musée byzantin présente des sculptures et bas-reliefs provenant des bâtiments édifiés par les différents occupants de l'île, et un petit musée archéologique regroupe des vases archaïques, des sculptures et des bas-reliefs du temple d'Apollon Phanaios du VIIe-VIe s. av. J.-C., élevé dans le port antique de Phanoi, aujourd'hui proche d'**Emborios**. Non loin du monastère de **Nea Moni**, qui expose de très belles mosaïques du XIe s., les hautes maisons rectangulaires de pierre grise du village abandonné d'**Anavatos**, à flanc de colline, donnent une impressionnante image des habitations du début du XIXe s. et des conséquences dramatiques des massacres de 1822.

SAMOS

À deux kilomètres seulement de la côte turque, Samos est la grande île la plus proche du continent. Montagneuse et boisée, elle est renommée pour sa production vinicole et ses oliveraies. Sa côte découpée est souvent bordée d'étroites, mais agréables, plages de sable.
Samos est l'héritière d'une riche histoire, dont le souvenir se perpétue dans de nombreux vestiges archéologiques. Sous le tyran Polycrate, de 538 à 522 av. J.-C., elle atteint le sommet de sa puissance commerciale et militaire et génère des personnalités exceptionnelles,

Lesbos Mytilene (haut). Samos (bas).
Le temps s'écoule lentement sur les îles...
(pages précédentes).

Pythagore, fondateur de la pensée mathématique, Rhoikos et Théodoros, architectes et inventeurs de la fusion du bronze…

Le musée archéologique de la ville de Samos mérite une visite pour la statuaire grecque archaïque trouvée sur les sites locaux, dont un monumental *kouros** de 4,75 mètres de haut et une *korê** exécutée par Cheramyes vers 550 av. J.-C.

De la ville de Polycrate, aujourd'hui **Pithagorio**, sur la côte méridionale, dont les murailles encore visibles s'étendent sur 6 400 mètres, les Anciens avaient coutume de dire qu'elle possédait trois merveilles : le môle du port, un aqueduc souterrain et le temple d'**Héra**. Le premier monument, d'une longueur de 300 mètres, est maintenant partiellement recouvert par un môle moderne qui protège un bassin deux fois plus petit que celui de l'Antiquité. L'aqueduc souterrain d'**Aiakes**, père de Polycrate, long de 1 050 mètres, ne joue plus son rôle originel, mais est ouvert aux visiteurs. Quant au temple d'Héra, l'**Heraion***, il se situe à quelques kilomètres, près du village actuel d'**Ireo**, le long de la mer, dans un terrain marécageux rendant la visite assez difficile. Ce sanctuaire, l'un des plus célèbres du monde grec, était relié à l'antique Samos par une voie sacrée de six kilomètres. Le monument de Polycrate, le quatrième Heraion* bâti sur le site, était un temple ionique* diptère, c'est-à-dire entouré de deux rangées de colonnes, et formait un rectangle de 55,16 mètres sur 108,33, ce qui en faisait à l'époque le plus grand lieu de culte jamais imaginé en Grèce. Mais ce monument, qui semble ne pas avoir été terminé, a subi le même sort que le tout aussi grandiose **Artemision*** d'Éphèse : ses matériaux ont été dispersés et une seule colonne a été partiellement remontée, donnant une idée bien ténue du gigantisme de l'ensemble.

IKARIA

Battue par les vents qui sont le fondement de la légende d'Icare et de son vol mythique, Ikaria est une île encore sauvage, qui ne peut que plaire aux amoureux de la nature. En déambulant au long de la côte, on se prend à songer à la fuite de Dédale et d'Icare depuis Cnossos et à l'ingéniosité de l'architecte et sculpteur du roi Minos. Ayant fabriqué pour lui et son fils des ailes qu'ils fixèrent avec de la cire, ils s'élevèrent dans les cieux. Mais Icare, jeune et présomptueux, n'écoutant point les conseils de son père, s'approcha trop près du soleil : la cire fondit, les ailes se détachèrent et le jeune homme tomba dans la mer en cet endroit qui prit son nom…

Un petit musée archéologique existe à **Haghia Kirikos**, la capitale de l'île. Sur la côte ouest, dans la petite crique de **Nas**, les restes d'un sanctuaire d'Artémis sont visibles à fleur d'eau à partir d'un bateau que l'on peut prendre à **Armenistis**.

Dans la prolifération des célébrations et des fêtes diverses qui rythment en Grèce la vie et les saisons, les îles ne sont pas en reste. Quelques-unes ont su conserver des coutumes ancestrales qui leur sont propres, conséquence heureuse de leur isolement. Historiques, religieuses ou culturelles, rassemblements perpétuant les traditions locales, comme les courses de Céphalonie ou les danses de Leucade. La Crète garde aussi la mémoire des tragédies et des temps heureux. Ainsi, les célébrations du monastère d'Arkadi, haut lieu de la résistance grecque, rappellent le sacrifice des

Les fêtes

rappelant des épisodes tragiques de la résistance aux envahisseurs, honorant des saints toujours vénérés ou valorisant de magnifiques sites antiques et de traditionnelles productions locales, ces manifestations transforment certaines îles en précieuses gardiennes d'aspects originaux de la mémoire collective des Grecs d'aujourd'hui.

Le printemps et l'été sont les saisons les plus favorables au déroulement de ces fêtes, qui restent naturellement plus rares pendant la saison fraîche, à quelques exceptions près, dont le carnaval de Skiros, au début du Carême, n'est pas la moindre.

Les îles Ioniennes offrent au visiteur une gamme particulièrement élargie de festivités. La commémoration de faits historiques, tels que le rattachement définitif à la Grèce le 21 mai 1864, côtoie des fêtes religieuses dominées par celle de saint Spyridon, protecteur de Corfou, ainsi que des

défenseurs du lieu saint qui choisirent, en 1866, de mourir collectivement dans l'explosion d'une poudrière plutôt que de se rendre à l'occupant turc. Cependant, la bénédiction du bétail et la fête du vin près de Réthymnon, le festival de danses et de chants de Voni, non loin de Cnossos, ou la représentation d'un mariage traditionnel à Kritsa, font revivre le passé d'une île comblée de richesses.

Parmi les nombreuses fêtes des autres îles, les cérémonies rituelles de Lesbos, pendant lesquelles le sacrifice d'un taureau n'est pas sans rappeler les pratiques des adorateurs de Mithra, le dieu solaire, illustrent à merveille la pérennité des traditions et des cultes païens des mystérieuses îles grecques de l'Antiquité.

La Crète

*T*erre de légendes des hommes en regard de la terre des dieux, la Crète demeure encore un monde mystérieux. Elle a donné une pre-mière unité au monde égéen à l'époque qui a précédé celle des Grecs, entre 3500 et 1200 av. J.-C, nommée indifféremment civilisation minoenne, égéenne ou crétoise. Zeus voit le jour près du mont Ida ou même sur le mont Dicté. L'enfant-dieu, le plus jeune des fils de Cronos, est confié par sa mère Rhéa aux soins d'Amalthée, peut-être chèvre ou peut-être nymphe, pour échapper au cruel destin que lui réserve son père.

Et les Crétois, fiers des origines du plus grand des dieux, inventèrent encore sa mort sur leur terre et montrèrent son tombeau… Mais un poète du IIIe s. avant notre ère, Callimaque, s'élève contre cette légende et traite les gens des lieux de menteurs dans l'hymne qu'il offre à Zeus.

Cependant, Zeus reste attaché à la grande île. Après avoir remarqué la jeune Europe sur une plage de Sidon, ou de Tyr, dont le père Agénor était roi, Zeus follement amoureux se transforme en un beau taureau blanc aux cornes en forme de croissant de lune et vient se cou-cher aux pieds de la jeune fille. Le moment de stupeur passé, Europe caresse l'animal et s'assoit sur son dos. Zeus l'entraîne alors vers les flots et, ensemble, ils arrivent sur les rivages de la Crète. De leur union naissent Minos, Sarpédon et

Rhadamante. Le premier de ces trois fils, Minos, devient roi de Crète.

La Crète est l'île la plus étendue de la Méditerranée orientale après Chypre. Elle possède des paysages variés, des montagnes relativement élevées et de grandes plaines. Son peuplement s'est fait sur les deux zones côtières, puis dans l'arrière-pays. Elle ne possède pas de richesses en sous-sol et ne recèle pas, comme d'autres îles plus favorisées, des mines de cuivre, d'argent, des carrière de marbre. Elle est la terre des céréales, de l'olivier, du figuier, de la vigne. Sa situation géographique en fait une île des relais entre le Péloponnèse, l'Asie Mineure, la Cyrénaïque et l'Égypte. Son histoire est liée à celle des Cyclades, à Santorin si proche. Sa place en Méditerranée est privilégiée : les contacts font circuler les connaissances des techniques, des modes, des idées. Les villes, au sens vrai de ce terme, naissent au IIe millénaire av. J.-C. Elles ne sont pas toutes situées au bord de la mer, mais elles dépendent étroitement d'elle. La Crète aurait eu la maîtrise de la mer Égée, selon Thucydide, mais il faut nuancer ce jugement pour le replacer dans son contexte. Les Crétois, habiles navigateurs comme tous leurs voisins, ont surtout possédé une marine qui leur a permis des échanges en assurant leur présence dans la mer Égée. Les cités antiques principales, Cnossos, Phaistos, Mallia, sont établies sur des plans complexes. Il est malaisé de

Le port de Rethymnon a des allures italiennes (ci-dessous).

La Crète

Kolimvari · Hania · Sternes
Falassarna · Kalives · Peran
Platanos · Aptera · Rethymnon
Vrisses · Georgioupoli
Lakki
Kandanos · Armeni
Ag. Roumeli · Plakias · Spili
Paleohora · Ag. Galini
Aghia

Héraklion

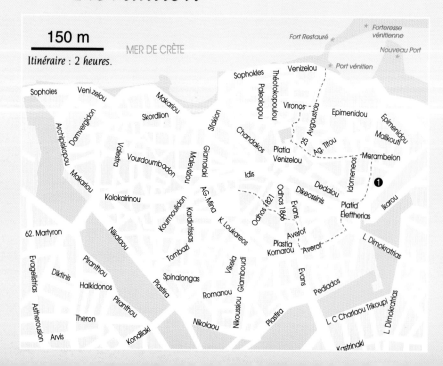

150 m

Itinéraire : 2 heures.

MER DE CRÈTE

Fort Restauré · Forteresse vénitienne · Nouveau Port · Port vénitien

MER DE CRÈTE

Héraklion

Knossos

Epano Arhanes

Malia   Neapoli

Lato

GROTTE DE
DICTÉ

Plateau
de Lassithi

Ag. Nikolaos

Kritsa

Kalo Horio

Gournia

Sfaka

Kato Zakros

Ziros

Makrigialos

Sitia

Vai

Paleskastro

Ag. Varvara

Gortis

Pirgos

Ierapetra

MER DE LIBYE

Itinéraire : une semaine.

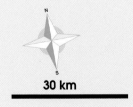

N

S

30 km

décrire l'urbanisme et la société minoenne sans se référer au "système palatial". Mais ce système n'est pas représentatif de l'ensemble de l'histoire de l'île : la Crète est une terre pauvre et les humbles habitats sont légion.

HÉRAKLION (Iraklion)

Ancienne Candie des Vénitiens, Khandak des Arabes et Megalo Kastro* des Turcs, la ville moderne présente aujourd'hui assez peu d'intérêt, bien qu'elle ait vécu une histoire longue et intense. Envahie par les Arabes, prise par les Byzantins, occupée par les Vénitiens dès 1204 et jusqu'en 1669, elle connut avec eux une grande prospérité et devint la capitale de la Crète. Cependant, elle dut subir un siège douloureux d'une vingtaine d'années, entre 1648 et 1669, lorsque les Turcs l'assaillirent. Les aides françaises de Louis XIV, celles du duc de Savoie et des Vénitiens ne purent l'aider à vaincre. Les pertes furent immenses, tant du côté des assiégés que de celui des assaillants.

La ville est actuellement célèbre par son **musée archéologique (I)**. Il renferme les trouvailles faites sur l'île et donne une belle idée des différentes civilisations minoenne, grecque et même romaine en ses débuts.

Il faut prendre son temps pour circuler dans les nombreuses salles et vivre de manière chronologique l'histoire de la terre crétoise. Ainsi, les vases du style de Camarès, du nom de la grotte où ils furent trouvés au nord de Phaistos, retiendront l'attention, de même que les déesses aux serpents, le rhyton* à tête de taureau, l'acrobate en ivoire… sans oublier les fresques de Cnossos, de Mallia, le torse d'Aphrodite, la métope* d'Héraclès…

LA CANÉE (Hania)

La ville moderne occupe l'emplacement de l'antique Kydonia, la puissante cité souvent en lutte contre Gortyne et Cnossos. Au XIIIe s,. elle est accaparée par les Vénitiens qui lui donnent son nom actuel et qui,

Silhouette éternelle d'une des figures essentielles de la vie crétoise : le pope.

Fresque de la procession à Cnossos. Jeunes Minoens porteurs de vases rituels.

mis à part vingt-cinq années d'occupation génoise, y resteront jusqu'en 1645, date de leur défaite devant les Turcs. Ces derniers se retirent en 1897, après le débarquement de contingents internationaux. La Canée est restée capitale administrative de la Crète jusqu'en 1971.

Il fait bon flâner autour du port vénitien aux splendides couleurs d'ocre qui s'harmonisent avec le bleu profond de la mer, déambuler en silence à l'heure de la sieste dans les charmantes ruelles pour apprécier le calme et la douceur de vivre de cette ville accueillante.

RÉTHYMNON (Réthimno)

La ville permet, comme La Canée, de découvrir des architectures vénitiennes, quelques témoignages turcs, dont une mosquée du XVIIe s., et un beau musée archéologique.

CNOSSOS (Knossos)

Dégagée au début du XXe s. par Sir Arthur Evans, la cité qu'Homère appelait la Grande Ville était celle de Minos. Et le mythe de raconter

qu'ayant pris Pasiphaé pour épouse, il en eut quatre fils et quatre filles. Mais, un jour, la vengeance du dieu Poséidon, que Minos avait courroucé, mit au cœur de Pasiphaé un amour violent pour le taureau blanc qui aurait dû lui être consacré. La reine, avec l'aide de Dédale, se cacha à l'intérieur d'une vache en bois et s'unit à l'animal. De cette union naquit le Minotaure, à tête de taureau et à corps d'homme, qui fut enfermé dans le labyrinthe du palais.

À juste titre, le palais de Cnossos, dont le premier état remonte à environ 2000 av. J.-C. et la reconstruction vers 1700 av. J.-C., est considéré comme un vaste labyrinthe à plusieurs niveaux, où se mêlent intimement le mythe et la réalité. Les ailes du palais sont distribuées autour d'une cour centrale et renferment les différents quartiers, faits d'une multitude de petites salles. À l'ouest, on peut encore voir les magasins, au nord, diverses petites pièces correspondant aux appartements de service, à l'est se trouvent le quartier royal avec le

L'arrière-pays de Rethymnon est, en été, à l'image de l'ensemble de l'île :
aride et chaud.

mégaron* du roi et le trône placé sur un baldaquin. Au sud, des ruines des différentes maisons ont été mises au jour. Le décor peint est fait de copies et distribué arbitrairement, les originaux ayant été déposés au musée d'Héraklion.

Avant de quitter ce palais, après avoir longuement déambulé à travers couloirs, escaliers, vestibules, pièces et courettes, on songe encore au Minotaure.

Enfermé dans le labyrinthe construit pour lui par Dédale à la demande de Minos, on lui offrira chaque année, après la mort de son fils Androgé, tué à Athènes lors des Jeux, sept filles et sept garçons athéniens en pâture. Alors, Égée, roi d'Athènes, ne supportant plus cette affreuse servitude, se résout à laisser partir son fils Thésée avec le troisième convoi de jeunes gens destinés au monstre. Le héros athénien a l'intention de combattre et de tuer le Minotaure. Arrivé au palais de Minos, il gagne le cœur de sa fille Ariane qui, avec l'aide de Dédale, lui montre la sortie du labyrinthe et lui remet ce si long fil qui lui permettra de s'enfuir avec elle après le meurtre.

La découverte du stratagème entraîne la colère de Minos, et Dédale, pour échapper au courroux et à la vengeance du roi, fabrique des ailes pour lui et son fils Icare…

MALLIA (Malia)

Au lendemain de la Première Guerre mondiale, l'École française d'Athènes disposa du chantier de fouilles de ce palais qui, sans être aussi vaste que ceux de Cnossos et de Phaistos, révèle le même esprit de conception dans un même contexte de datation, le premier palais remontant vers 2000 av. J.-C. et le second vers 1700 av. J.-C. Autour d'une assez vaste cour, on découvre, au nord, l'entrée principale qui débouche sur un portique, dont les salles bordent une petite cour intérieure avant d'accéder au quartier royal. À l'ouest se trouvent les magasins et la loge royale qui donne sur la cour. Au sud, du côté ouest, la zone contenant les silos à grains circulaires est encore bien visible et, du côté est, se situent d'autres magasins étroits et longs ainsi que les cuisines. Les restes d'une salle hypostyle* se remarquent sur le côté nord de la cour.

L'odéon de Gortyne est encore bien conservé.

Un quartier d'habitations peut être visité à partir de la chaussée minoenne qui part au nord-ouest du palais.

GOURNIA

Construite sur le flanc d'une colline, les ruines de cette ville minoenne offrent un grand intérêt archéologique : elles permettent de comprendre le plan et l'organisation urbanistiques d'une cité en pleine épanouissement au XVIe s. av. J.-C. Gournia abrite un petit palais et ses dépendances, des maisons qui bordent les trois rues principales et les ruelles, très souvent aménagées en escalier. La ville a été détruite vers 1450 av. J.-C.

KATO ZAKROS

Le palais de Kato Zakros, détruit définitivement comme la plupart des autres palais vers 1450 av. J.-C., lors d'un violent séisme, a été érigé près de la mer. Pourvu d'une vaste cour autour de laquelle se répartissent les différents bâtiments, il possède, comme à Cnossos, Phaistos et Mallia, des appartements royaux, des magasins, des ateliers divers.

Chemin pavé sur les hauteurs de Kato Zakros.

PHAISTOS (Festos)

Construit avec un plus grand soin que le palais de Cnossos et avec des matériaux de meilleure qualité, le palais de Phaistos, plus petit, date des mêmes époques : aux environs de 2000 av. J.-C. pour son premier état, vers 1700-1650 av. J.-C pour le second. Il possède une très vaste cour, autrefois bordée de portiques à colonnes et à piliers, autour de laquelle s'étalent les quartiers du second palais. À l'est, on remarque des appartements princiers dont on ne sait quel rôle ils jouaient exactement. Au nord, au-delà d'une courette, se trouve l'espace du mégaron* de la reine et celui du roi. À l'ouest, il est encore possible d'avoir une idée d'une salle d'apparat précédée de grands propylées* sous l'aspect d'un bel escalier. Plus au sud, de ce même côté, sont les restes de nombreux magasins. Dans la partie sud-ouest subsistent des vestiges antiques, peut-être les plus anciens des palais de la Crète.

HAGHIA TRIADA (Aghia Triada)

Émergeant de la végétation, dans un lieu agréable et reposant, le petit palais d'Haghia Triada vaut le détour.

Peut-être fut-il la demeure d'un feudataire du prince de Phaistos ou sa villa de plaisance ? Contemporain du second palais de Phaistos, ou de peu postérieur, il est en forme de L et possède un grand nombre de pièces au sol dallé de gypse.

GORTYNE (Gortis)

La visite de cette cité romaine, au centre de la plaine de la Messara, à l'ombre de grands arbres et d'innombrables oliviers plantés dans une terre jonchée de restes antiques, fait oublier l'agitation qui règne autour des palais minoens. Gortyne est éloignée, Gortyne est isolée. Et pourtant, lorsqu'elle devint avec Rome cheflieu de la province de Crète et de Cyrénaïque, elle avait déjà un long passé.

Zeus transformé en taureau y avait transporté Europe depuis la Phénicie. Et sous un large platane, près d'un ruisseau, ils s'étaient unis : Minos était né. Théophraste, élève de Platon, beaucoup plus tard, vers la fin du IVe s. av. J.-C., affirme avoir vu ce platane toujours en feuilles !

Au Ve s. av. J.-C., Gortyne était rivale de Cnossos. Au IIe s. av. J.-C., elle fut le refuge d'Hannibal battu par le roi Antiochos. Au Ier s. av. J.-C., elle offrit ses services à Rome pour dominer la Crète et Quintus Metellus la respecta. Elle devint alors capitale de l'île. À présent, elle offre une étendue impressionnante de ruines de différentes époques. Le temple dédié à Apollon Pythien, dont la première

construction remonte au VIIe s. av. J.-C., servait de trésor public. Il fut souvent remanié. Le vaste prétoire avec sa basilique était la résidence du gouverneur romain. Il y avait encore un théâtre, un odéon*, deux nymphées*, des fontaines, des thermes, une agora*…

Dès 500 av. J.-C., des légistes avaient fixé dans la pierre des règles de conduite pour la cité, appelées les " lois de Gortyne ", qui peuvent être encore vues à proximité de l'odéon*. Au VIIe s. ou VIIIe s. de notre ère, une basilique, Haghios Titos, fut construite en l'honneur du disciple de Paul, premier évêque de Crète.

À l'entrée du très intéressant petit musée du site se tient un beau *togatus* (citoyen romain vêtu de la toge) drapé à la mode de l'époque de l'empereur Vespasien, dans la seconde moitié du Ier s. ap. J.-C.

En plus de ses riches vestiges antiques, la Crète offre des paysages superbes et variés. Sur les côtes, les plages, toutes différentes, sont également agréables et accueillantes, passant des palmiers de l'extrémité orientale à Vaï, aux roches lointaines de Falassarna à l'ouest, ou à la superbe crique de Matala dans le sud.

À l'intérieur, l'immensité du plateau de Lassithi, exposant ses légères éoliennes de toile, contraste avec l'étroitesse impressionnante des gorges de Samaria. Cette diversité exprime et illustre l'inépuisable richesse naturelle de la Crète.

L'ombrage et la ventilation des ruelles en font d'agréable salons où l'on peut se tenir des heures durant (ci-contre).

POUR SE FAIRE COMPRENDRE RAPIDEMENT :
LE GUIDE DE CONVERSATION !

allemand	italien	tagalog (**Philippines**)
anglais	japonais	turc
chinois	polonais	vietnamien
espagnol	portugais	argot anglais
grec	québécois	argot américain
indonésien	russe	argot espagnol

Les Îles grecques pratique

Festivals & Jours fériés

- De mai à octobre, festival de Rhodes : théâtre, danse et musique dans le vieux théâtre, son et lumière dans le parc municipal de Rhodes. Renseignements en français tél. : 02 41 29 678.

- De juin à août, festival d'Héraklion (Crète) : danse, chant, musique, opéra, lectures. Renseignements tél. : 081 221 227.

- De juin à octobre, festival d'Athènes à l'odéon d'Hérode Atticus : représentation de théatre antique et contemporain, musique et ballet. Renseignements tél. : 322 14 59.

- Juillet :   festival du vin à Réthymnon (Crète).
                Renseignements tél. : 083 122 522.
                festival musical sur l'île d'Ithaque.
- Juillet-août : festival de théâtre antique à Thasos (île de la mer Égée).
- Août : festival d'Hippocrate à Cos (Dodécanèse).
- Août à septembre : festival du vin à Patras.
Renseignements tél. : 061 279 866.

Fêtes

- 1er janvier : Nouvel An / fête de saint Basile.
- 6 janvier : Épiphanie.
- 25 mars : jour de l'indépendance. Fête de Pâques.
- 23 avril : saint Georges.
- 1er mai : fête du travail.
- 15 août : Assomption.
- 28 octobre : fête nationale.
- 26 décembre : fête de la Vierge.
- 31 décembre : veille du Nouvel An.

Arrivée

<u>Par air</u> : en plus des compagnies régulières, comme Air France et Olympic Airways, il existe de nombreux charters au départ de Paris et des villes de province pendant la saison touristique. Les aéroports parisiens sont facilement accessibles du centre de Paris par les Cars Air France. Renseignements : tél. : 01 41 56 89 00.

Consultez les journaux ou vos agences de voyages habituelles.

L'aéroport Hellenikon d'Athènes est divisé en deux aérogares : est, pour les compagnies internationales, et ouest, pour Olympic Airways. Compter une demi-heure pour rejoindre le centre d'Athènes, en bus ou en taxi, et à peu près le même temps en métro.

<u>Par mer et/ou route</u> : possibilités de se rendre en Grèce en voiture (le permis national suffit pour les ressortissants européens), en bus (Eurolines au 28, avenue du Général-de-Gaulle à Bagnolet, 93541.Tél. : 01 49 72 51 51 ou encore : Magic bus, 16, rue de Rivoli, 75004 Paris.Tél. : 01 42 71 23 33), en train.

Bureau des compagnies maritimes en France :

<u>Adriatica</u> : 12, rue Godot-de-Mauroy, 75009 Paris.Tél. : 01 49 24 24 24.

<u>Hellenic</u> : 32, rue du 4-Septembre, 75002 Paris.Tél. : 01 42 66 90 90.

<u>Navifrance</u> : 20, rue de la Michodière, 75002 Paris.Tél. : 01 42 66 65 40.

Visas

Une carte d'identité valide suffit pour les ressortissants européens.

Climat

Climat méditerranéen, chaud et sec en été. L'insularité apporte air et fraîcheur, et rend la vie plus agréable que sur le continent. Le printemps est une saison très agréable pour visiter les îles.

Santé

Soins gratuits si vous prenez la précaution de vous munir du formulaire E 111, à présenter lors de visites, d'hospitalisations, etc. Service de garde assuré dans les îles. Pas de précaution particulière à prendre en termes de santé. Les seules difficultés consistent à se faire comprendre dans les différentes institutions médicales.

Urgences

Police touristique : tél. : 452 3670, 418 4815.

Police de la route : tél. : 411 3876, 411 3832.

Bureau des passeports : tél. : 452 6205, 452 3754.

Urgences médicales : tél. : 413 1280, 417 1444, 413 1249.

Ces numéros sont valables pour Athènes. Hormis la liste ci-dessous, il existe un fascicule distribué gratuitement à l'office du tourisme pour toutes les correspondances dans les îles.

CYCLADES

Amorgos : police : tél. 71210.

Centre sanitaire : tél. 71207.

Ios : police : tél. 91222. Dispensaire : tél. 91227.

Mikonos : police : tél. 22235, centre médical : tél. 23994, 23996.

Pàros : police : tél. 23333.

Santorin : police : tél. 22649.

Centre médical : tél. 22237, 23123-5.

ILES IONIENNES

Corfou : police : tél. 30265, 25544.

Hôpital général public : tél. 45811-15.

Crète : police : tél. 28224.

Hôpital Venizelio : tél. 237502, 239502.

Hôpital régional universitaire de Crète : tél. 269111.

Adresses utiles

• Ambassade de Grèce : 17, rue Auguste-Vacquerie, 75116 Paris.
Tél. : 01 47 23 72 28.

• Office du tourisme : 3, avenue de l'Opéra, 75001 Paris.Tél. : 0142 60 65 75.

• Ambassade de Grèce : Jungfraustrasse 3, 3005 Berne.Tél. : 41 31 35 21 637.

• Office du tourisme : 25 Löwenstrasse, 8001 Zurich.Tél. : 1 221 01 05.
Fax : 212 05 16.

• Ambassade de Grèce : 430, avenue Louise, Bruxelles 1050.Tél. : 02 64 81 730.

• Office du tourisme : 173, avenue Louise, Louizalaan, Bruxelles 1050.Tél. : 02 64 75 770. Fax : 6475142.

• Consulat de Grèce : 1170, place du Frère-André, Montréal H3B3C6, Québec.
Tél. : 87 52 119. Fax : 87 58 781

• Office du tourisme : 1233, rue de la Montagne - Suite 101, Montréal H3G1Z2,
Québec.Tél. : 514 871 15 35. Fax : 514 871 14 98.

• Ambassade de France : 7, avenue Vass. Sofias, 10671, Athènes.Tél. : 3611 663-5.

• Consulat de France : 5-7, avenue Vass. Konstandinou, 10674 Athènes.
Tél. : 7290 151-6.

• Ambassade de Suisse : 2, rue Lassiou, 11521 Athènes.Tél. : 7230 364-6

• Ambassade de Belgique : 3, rue Sekeri, 10671 Athènes.Tél. : 3617 886-7.

• Ambassade du Canada : 4, rue I.-Genadiou , 11521 Athènes.Tél. : 7239 511.
Fax : 7247 123.

Argent

La monnaie en cours est la drachme (dr). Une drachme vaut
100 lepta. Vous trouverez des billets de 50, 100, 500, 1 000, 5 000,
10 000 drachmes et des pièces de 1, 2, 5, 10, 20, 50. Il existe aussi des
pièces de 5, 10, 20 et 50 lepta.
Il est conseillé de changer en Grèce ; vous pouvez reconvertir vos
drachmes avant de partir.
Le meilleur taux de change s'obtient avec les postchèques CCP et
vous trouverez une poste dans pratiquement toutes les îles.
Les cartes de crédit sont difficiles à utiliser dans les petites îles. Toutes
les îles sont munies de systèmes bancaires différents. En règle générale,
il est mieux de prévoir de l'argent liquide (francs ou dollars).

Décalage horaire

Décalage horaire : plus deux heures GMT.

Compagnies aériennes

Pour les vols intérieurs, assurés par la compagnie aérienne nationale
Olympic Airways, il est préférable de réserver longtemps à l'avance, de
votre lieu de départ.
Très bonne desserte des îles au départ de la capitale, où il y a plusieurs
bureaux de réservations.
Îles disposant d'un aéroport : Céphalonie, Chio, Cos, Corfou, la Crète,
Cythère, Karpathos, Lemnos, Lesbos, Leros, Milo, Mikonos, Pàros, Samos,
Santorin, Skiathos, Skiros.

- Air France : 74, bd Auguste-Blanqui, 75013 Paris. Tél. : 01 44 08 20 05/
44 08 24 24.
- Olympic Airways : 3, rue Auber, 75009 Paris. Tél. : 01 42 65 92 42.

Taxis

Les taxis sont plutôt bon marché, si l'on connaît les tranches horaires
auxquelles s'appliquent les augmentations (horaires de nuit, etc.).
Marchandage de rigueur et patience obligatoire.

Bateaux

À peu près deux fois moins cher que l'avion, et permettant d'aller dans presque toutes les îles, le bateau est le meilleur moyen d'apprécier la beauté des îles grecques, même si le confort n'est pas toujours au rendez-vous. Si vous souhaitez visiter plusieurs îles, il est conseillé de bien étudier les jours et les heures de départ, certaines îles n'étant desservies qu'une fois par semaine.

La liste des liaisons maritimes ci-dessous n'est pas exhaustive, n'hésitez pas à vous renseigner à la capitainerie.

LES ÎLES IONIENNES

- Corfou liaison avec Patras, Igoumenistsa, Sagiada, Italie (Bari, Brindisi, Ancône, Otrante).
- Céphalonique liaison avec Patras-Sami, Kilini-Poros, Astakos-Ag. Efimia.
- Ithaque liaison avec Patras, Astakos.
- Zante liaison avec Kilini.

LE GOLFE SARONIQUE

Au départ du Pirée, service quotidien pour Égine, Hydra, Poros et Spetsès. Il existe de nombreuses autres liaisons.

LES CYCLADES

Les îles des Cyclades sont reliées entre elles par des lignes locales. Liaisons avec les îles du Dodécanèse, de la mer Égée et du nord-est de la Crète. Des croisières d'une journée partant du Pirée permettent de visiter Hydra, Égine, Poros et Spetsès. Nautisme : nombreuses possibilités de location de bateaux en contactant les associations agréées. Renseignements :
- Association grecque des propriétaires de yachts. Tél. : 01 452 63 35.
- Association hellénique des propriétaires de yachts professionnels. Tél. : 01 452 63 35.
La liste est disponible sur internet : http://www.travelling.gr/yachts.

LES SPORADES ET L'EUBÉE

En ferry-boat : départ de Agios Kostandinos, Kimi, Volos.
En hydroglisseurs : au départ d'Agios Konstandinos et de Volos pour Skiathos, Skopélos et Alonissos. Également au départ de Volos pour Skyros et de Néa Moudania pour Alonissos.

♡ *Hôtels et pensions* ♡

Se loger dans les Îles grecques ne présente aucune difficulté. Les hôtels sont classés en six catégories : Luxe, A, B, C, D, E. Les catégories D et E ne comportent pas de sanitaires indépendants.

Pour les petits budgets, le logement chez l'habitant ou dans les pensions familiales est à conseiller. L'accueil est très souvent chaleureux, et les prix très raisonnables. Le contrôle des prix est à la charge de la police touristique. Dans beaucoup d'îles, les habitants viennent vous proposer leurs services à l'arrivée du bateau.

Si l'on vous propose un logement à la sortie du bateau, ne soyez pas pressé d'accepter. Allez à la terrasse d'un café, vos bagages en évidence. La plupart du temps, une vieille dame viendra vous trouver et vous proposera un logement mieux placé et meilleur marché que ceux proposés à votre arrivée sur les quais.

LES ÎLES IONIENNES
• **Corfou**
- Palace Hôtel. Tél. : 06 61 39 485.
Hôtel de grand luxe de 100 chambres, ouvert d'avril à octobre, au nord de l'île.
- Hôtel de la baie d'Apraos. Tél. : 06 63 98 204.
Charmant hôtel de 16 chambres, ouvert de juillet à octobre.
• **Leucades**
- Hôtel Armonia. Tél. : 06 45 92 751.
20 chambres, ouvert d'avril à octobre.
• **Ithaque**
- Hôtel Kioni. Tél. : 06 74 31 362.
Petit hôtel de charme, 8 chambres, ouvert de mai à octobre.

LE GOLFE SARONIQUE
• **Égine**
- Pension Eginitiko Archontikio. Tél. : 02 97 24 968.
Élégante demeure de 12 chambres, ouverte toute l'année.
• **Hydra**
- Hôtel Bratsera. Tél. : 02 98 53 971.
Hôtel récent (1994) de 14 chambres, ouvert toute l'année.

• **Spetsaï**

Au centre de Spetsaï : Zoe's Club hôtel. Tél. : 02 98 74 447.

Chambres et bungalows, piscine, air conditionné.

LES CYCLADES

• **Andros**

- Hôtel Xenia. Tél. : 02 82 22 270.

Hôtel sur la plage, 26 chambres, ouvert d'avril à octobre.

• **Mikonos**

- Hôtel Rochari. Tél. : 02 89 24 930.

52 chambres avec vue sur le village et la mer, atmosphère familiale, prix raisonnable, à 2 km de la ville.

- Hôtel Rhenia. Tél. : 02 89 22 777.

37 chambres, ouvert de mai à octobre, à 4 km de la ville.

- Hôtel Cavo Tagoo. Tél. : 02 89 23 692.

Très belle architecture, 67 chambres et 5 suites, ouvert d'avril à octobre.

• **Milopotas**

- Hôtel Dionysos. Tél. : 02 86 91 215.

40 chambres, ouvert de mai à octobre.

• **Santorin à Théra.**

- Hôtel Atlantis. Tél. : 02 86 22 232.

27 chambres, ouvert de mai à octobre.

- Hôtel Pelican. Tél. : 02 86 23 113.

18 chambres confortables dans une maison traditionnelle, ouvert toute l'année.

LES SPORADES ET L'EUBÉE

• **Skiathos**

- Hôtel Nancy. Tél. : 04 27 22 407.

29 chambres, ouvert d'avril à octobre à Koukounaries.

• **Skyros**

- Hôtel Xenia. Tél. : 02 22 91 209.

22 chambres à 30 mètres de la mer, ouvert d'avril à octobre.

• **Eubée à Edipsos**

- Club Méditerranée. Tél. : 02 26 33 281.

331 chambres, ouvert de mai à septembre.

LES ÎLES DE LA MER ÉGÉE
- **Lesbos à Kaloni**
- Hôtel Kalloni. Tél. : 02 53 23 334.
- **Lemnos à Myrina**
- Hôtel Akti Marina. Tél. : 02 54 22 681.
110 bungalows, piscine d'eau de mer, ouvert de fin mai à fin septembre.
- **Samos à Kalami**
- Hôtel Antemis. Tél. : 02 73 28 060.
24 chambres à 200 mètres de la plage, ouvert d'avril à octobre.

LE DODÉCANÈSE
- **Rhodes à Afandou**
- Hôtel Miramar Beach. Tél. : 02 41 96 251.
179 chambres, ouvert d'avril à octobre.
- **Rhodes**
- Hôtel Athineon. Tél. : 02 41 26 112.
70 chambres, ouvert d'avril à octobre.
- Hôtel Capitol. Tél. : 02 41 74 154.
Hôtel traditionnel de 9 chambres à 100 mètres de la plage, ouvert de mars à octobre.
- **Patmos à Grikos**
- Hôtel Golden Sun. Tél. : 02 47 32 318.
24 chambres, ouvert d'avril à octobre.

LA CRÈTE
- **Agia Pelagia**
- Hôtel Sofitel. Tél. : 081 811 112.
638 chambres et bungalows, plage privée, ouvert de mars à novembre.
- **Gouves** (15 km d'Héraklion)
- Hôtel et Marina. Tél. : 081 41 361.
310 chambres et 90 bungalows, 3 piscines, ouvert du 15 mars au 15 novembre.
- **Héraklion**
- Hôtel Galaxy. Tél. : 081 238 812.
Rénové en 1994, 140 chambres, ouvert toute l'année.
- **Limine Hersonissou.**
- Hôtel Creta Maris. Tél. : 08 97 22 15.

Restaurants

Influencés par les nombreux estivants, les restaurants grecs ont, pour certains, adapté leur cuisine au goût anglo-saxon, et il n'est pas rare de trouver des plats accommodés avec des frites et du ketchup. N'hésitez pas à vous enfoncer dans les ruelles, vous trouverez certainement une taverne sans devanture, mais où vous aurez le plaisir de choisir vos plats dans la cuisine, ou demandez conseil à un habitant de l'île.

Véritable boisson nationale, l'ouzo est un apéritif à base d'anis qui est souvent servi avec des olives et quelques *mezes* si la maison est accueillante. Les entrées sont nombreuses, mais la plus classique est la salade de tomates, d'oignons, de féta, d'origan, arrosée d'un filet d'huile d'olive. Bien que la mer soit très présente, le poisson est parfois rare en raison de son prix.

Musées, monuments et sites

LES ÎLES IONIENNES

• Musée archéologique (Corfou) : ouvert tous les jours de 8 h à 14 h 30, sauf le lundi. Tél. : 06 61 30 680. Entrée : 800 dr.
• Musée sino-japonais (Corfou) : ouvert tous les jours de 8 h 00 à 14 h 30, sauf le lundi. Tél. : 06 61 30 443. Entrée : 800 dr.
• Musée archéologique d'Argostolio (Céphalonie) : ouvert tous les jours de 8 h à 14 h 30, sauf le lundi. Tél. : 06 71 28 300. Entrée : 500 dr.
• Musée archéologique de Zante : ouvert tous les jours de 8 h à 14 h 30, sauf le lundi. Tél. : 061 27 62 07. Entrée : 800 dr.
• Musée de la citadelle : ouvert tous les jours de 8 h à 14 h 30, sauf le lundi. Tél. : 06 95 22 714. Entrée : 500 dr.

LE GOLFE SARONIQUE

• Musée archéologique (Égine) : ouvert tous les jours de 8 h à 14 h 30, sauf le lundi. Tél. : 02 97 22 248.
• Temple d'Aphaia : caché au milieu des pins, ce temple est magnifiquement conservé. Ouvert tous les jours de 8 h à 14 h 30, sauf le lundi. Tél. : 02 97 32 398. Entrée : 800 dr.
• Temple d'Apollon : ouvert tous les jours de 8 h à 14 h 30, sauf le lundi. Tél. : 02 97 22 248. Entrée : 500 dr., gratuit le dimanche.
• Musée d'Andros (les Cyclades) : ce musée contient des vestiges de la cité antique de Paleopolis. Ouvert tous les jours de 8 h à 14 h 30, sauf le lundi. Tél. : 02 82 23 664. Entrée : 500 dr.

• Musée d'Art moderne (Fondation Basil & Élise Goulandris) : ouvert le mardi et le dimanche de 10 h à 14 h et de 18 h à 20 h. Tél. : 02 82 22 444. Entrée : 1 000 dr.

• Musée archéologique (Mikonos) : ce musée regroupe les céramiques trouvées dans les "fosses de purification" de Rhénée. Ouvert tous les jours de 8 h à 14 h 30, sauf le lundi. Tél. : 02 89 22 325. Entrée : 500 dr.

Site archéologique et Musée archéologique (Délos) : ouvert tous les jours de 8 h à 14 h 30, sauf le lundi. Tél. : 02 89 22 259. Entrée : 1 200 dr.

• Musée de Nàxos (Nàxos) : ouvert tous les jours de 8 h à 14 h 30, sauf le lundi. Tél. : 02 85 22 725. Entrée : 500 dr.

• Musée de Pàros (Pàros) : ouvert tous les jours de 8 h à 14 h 30, sauf le lundi. Tél. : 02 84 21 231. Entrée : 500 dr.

• Musée archéologique (Santorin) : ouvert tous les jours de 8 h à 14 h 30, sauf le lundi. Tél. : 02 86 22 217. Entrée : 800 dr.

• Site archéologique : ouvert tous les jours de 8 h à 14 h 30, sauf le lundi. Tél. : 02 86 22 217. Entrée : 500 dr.

• Site archéologique d'Akrotirion : ouvert tous les jours de 8 h à 14 h 30, sauf le lundi. Tél. : 02 86 81 366. Entrée : 1 200 dr.

• Catacombe (Milos) : ouvert tous les jours de 8 h à 14 h 30. Tél. : 02 87 21 625. Entrée gratuite.

• Musée de Milos : ce musée archéologique regroupe les trouvailles faites sur l'île la plus riche des Cyclades en témoignages antiques. Ouvert tous les jours de 8 h à 14 h 30, sauf le lundi. Tél. : 02 87 21 620. Entrée : 500 dr.

LE DODÉCANÈSE

• Cité antique de l'Acropole (Rhodes) : ouvert tous les jours de 8 h à 14 h 30, sauf le lundi. Tél. : 02 41 27 674. Entrée gratuite.

• Musée archéologique de Rhodes : la fameuse Aphrodite de Rhodes se trouve dans ce musée. Ouvert les dimanches et fêtes de 8 h à 14 h 30. Tél. : 02 41 276 57. Entrée : 800 dr.

• Musée des Arts décoratifs : ouvert samedis, dimanches et fêtes. Entrée : 500 dr.

• Acropole d'Ialyssos : ouvert tous les jours de 8 h à 14 h 30, sauf le lundi. Tél. : 02 41 27 674. Entrée : 800 dr.

• Acropole de Lindos : ouvert tous les jours de 8 h à 14 h 30, sauf le lundi.
Tél. : 02 41 27 674. Entrée : 200 dr.
• Acropole-Théâtre-Stade : ouvert tous les jours de 8 h à 14 h 30, sauf le lundi.
Tél. : 02 41 27 674. Entrée gratuite.
• Palais des Chevaliers : ouvert tous les jours de 8 h à 14 h 30, sauf le lundi.
Tél. : 02 41 23 359. Entrée : 1 200 dr.
• Remparts de la cité médiévale : ouvert aux visiteurs accompagnés d'un guide les
lundis et samedis de 15 h à 17 h. Tél. : 02 41 27 674. Entrée 1 200 dr.

LA CRÈTE

• Musée archéologique (La Canée) : aménagé au cœur de l'église Saint-François, il
contient des objets provenant de la Crète occidentale (idoles, statues, céramiques,
monnaies, bijoux…). Fermé le lundi. Tél. : 08 21 20 334. Entrée : 500 dr.
• Archives historiques de Crète : la plus riche collection de documents d'archives
après les archives de l'État. Ouvert tous les jours de 8 h à 13 h, sauf le samedi, le
dimanche et les jours de fêtes. Tél. : 08 21 42 606.
• Musée de la Marine : ouvert tous les jours de 8 h à 13 h et de 17 h à 19 h de
juin à septembre, sauf le lundi. Tél. : 08 21 55 301.
• Site antique d'Aptéra : à 15 km de La Canée, près du village de Mégala Horafia,
l'antique Aptéra, l'une des plus importantes ville de la Crète occidentale du
VIIe s. av. J.-C. À voir, les vestiges d'un petit temple datant du Ier s. av. J.-C., d'un
théâtre et surtout de monumentales citernes de l'époque romaine en excellent
état.
• Musée archéologique (Réthymnon) : importante collection numismatique.
Ouvert tous les jours de 8 h à 14 h 30, sauf le lundi. Tél. : 08 31 28 875.
Entrée : 500 dr.
• Musée archéologique (Héraklion) : l'un des plus beaux musées de la Grèce.
Céramiques, bijoux, fresques, statues, la plupart des découvertes faites en Crète se
trouvent dans ce musée. Ouvert du mardi au vendredi de 8 h à 17 h, les samedis,
dimanches et jours fériés de 8 h 30 à 15 h. Tél. : 08 12 24 630. Entrée : 1 500 dr.

Vocabulaire usuel

L'accent tonique est marqué par les lettres soulignées

- POLITESSE

Bonjour : **ya sou** (tutoiement) et **ya sass** (vouvoiement) **kalimèra**

Au revoir : **çhèretè**

Merci : **efcHaristo**

Je vous en prie : **parakalo**

Pardon : **siGHnomi**

S'il vous plaît : **sass parakalo**

Comment t'appelles-tu ? **Poss sé lèné ?**

Comment vous appelez-vous ? **Poss sass lèné ?**

Je ne comprends pas : **dhenn katalavèno**

Parlez-vous anglais / français ? **Milaté anglika / GHalika ?**

Je ne parle pas le grec : **dhenn milao elinika**

Connaissez-vous quelqu'un qui parle anglais / français ?

GHnorizètè kapionn pou na milaï anglika / GHalika ?

Monsieur : **kirioss**

Madame : **kiria**

Mademoiselle : **dhespiniss**

oui : **nè** - non : **oçhi** - non merci : **oçhi èfcHaristo**

- HÔTEL / **ksènodhoçhio**

J'ai réservé une chambre au nom de... : **kratissa èna dhomatio sto onoma...**

èkana mia kratissi sto onoma... *(montrez une pièce d'identité)*

Avez-vous une chambre libre ? **èçheté elèfthero dhomatio ?**

Combien coûte la chambre ? **posso kostizi to dhomatio ?**

Servez-vous le petit déjeuner ? **servireté proïno ?**

- TROUVER SA ROUTE

Je suis à... : **imè sto...** *(toujours prendre l'adresse, en grec, de son lieu de résidence)*

Je vais là : **pao èdho** *(montrer votre destination que vous avez au préalable fait écrire en grec)*

- TRAIN - BUS

Un billet pour... *(montrer la destination sur un papier que vous avez préalablement fait écrire, à votre hôtel, par exemple)* : **èna issitirio ya...**

Je voudrais une place fumeur / non-fumeur :

tha ithèla mia thèssi kapnizondèss / mi kapnizondèss

Je voudrais un billet en 1ere classe / 2e classe :

tha ithèla èna issitirio proti thèssi / dhèfteri thèssi

- BANQUE

Je souhaite changer... : **thélo na kano sinalaGHma**

- ACHATS

Combien ça coûte ? **posso kostizi / stiçhizi ?**

C'est trop cher pour moi : iné poli akrivo ya mèna
Acceptez-vous les cartes de crédit ? dhéchesté tiss pistotikèss kartess ?
Je voudrais… : tha ithèla…
• RESTAURANT
Avez-vous un menu en anglais / français ?
    èçheté to menoú sta anglika / GHalika ?
Un café, SVP ! : èna café parakalo
Un verre : èna potiri
De l'eau : nèro
De la bière : bira
Viande : krèas
Poisson : psari
Du pain : psomi
• COURRIER
Un timbre pour cette lettre : èna GHramatossimo y'afto to GHrama
• TÉLÉPHONE
Une carte téléphonique, s'il vous plaît : mia karta tilefonou parakalo
(demandez-la dans les kiosques)
Je voudrais parler à… : tha ithela na milisso…
LES NOMBRES

0	midhènn
1	ènass (masculin), mia ou mia (féminin), èna (neutre)
2	dhio
3	triss (masculin, féminin), tria (neutre)
4	tèsseriss (masculin, féminin), tèssera (neutre)
5	pènnde
6	èksi
7	èfta ou èpta
8	ocHto ou okto
9	ènèa ou ènia
10	dhèka
11	ènndheka
12	dhodhèka
20	ikossi
21	ikossi ènass, ikossi mia, ikossi èna
30	triannda
100	èkato
101	èkatonn ènas, èkatonn mia, èkatonn èna
200	dhiakossii, dhiakossièss, dhiakossia
1 000	çhilii, çhilièss, çhilia

2 000	dhio çhiliadhèss	3 000	triss çhiliadhèss
100 000	èkato çhiliadhèss	1 000 000	èna èkatomirio
2 000 000	dhio èkatomiria		

Glossaire

Acropole : ville haute. Toutes les villes grecques possédaient un point culminant, noyau primitif de l'agglomération.

Agora : espace urbain qui devient place publique, où s'exercent les activités religieuses, politiques et commerciales... Cœur civique de la cité dans la ville basse.

Appareillé : utilisant un certain type de maçonnerie (en pierre ou en brique).

Artémision : temple consacré à Artémis.

Bucchero : mot italien qui désigne une céramique noire, brillante et typique des ateliers étrusques qui cherchent à imiter la vaisselle de métal.

Cabires : démons du travail du métal, protecteurs des marins. Ils sont parfois assimilés aux Dioscures.

Caldeira : vaste dépression de forme circulaire.

Cavea : ensemble des gradins dans un théâtre.

Cénotaphe : sépulture symbolique ne contenant pas la dépouille du défunt.

Ciste : corbeille d'osier, puis boîte en bronze dans laquelle la femme range ses objets de toilette. Peut aussi désigner une construction funéraire à parois doublées de pierres.

Criophore : se dit de celui qui porte un bélier.

Dioscures : surnom des jumeaux Castor et Pollux.

Dorique : ordre d'un temple caractérisé par le chapiteau de la colonne et la frise décorative de l'entablement* faite de métopes* et de triglyphes*.

Dromos : couloir d'accès à une tombe.

Entablement : partie d'un édifice soutenue par des colonnes et formée de deux éléments, l'architrave et la frise.

Éphèbe : adolescent, ou jeune homme, d'une grande beauté.

Éponyme : qui donne son nom.

Glyptothèque : au sens propre, musée des pierres. Nom du musée de Munich (Allemagne).

Heraion : temple consacré à Héra, épouse de Zeus.

Hoplite : fantassin grec lourdement armé.

Hypostyle : dont le plafond est soutenu par des colonnes.

Inopos : nom d'un quartier antique de Délos (Cyclades).

Ionique : ordre d'un temple caractérisé par le chapiteau en forme de volutes et la frise en long bandeau sculpté.

Ithyphallique : qui présente un phallus en érection.

Kastro : citadelle fortifiée.

Korê (ou coré) : jeune fille, en grec. Nom donné aux sculptures féminines archaïques.

Kouros (ou couros) : jeune homme, en grec. Nom donné aux sculptures masculines archaïques.

Mégaron : pièce principale d'un palais crétois, où se trouve le trône du roi, avec en son centre un foyer.

Métope : plaque comprise entre deux triglyphes* dans la frise de l'ordre dorique*. Reçoit le décor.

Myste : participant d'un culte à mystères.

Naos : salle principale du temple grec, où est déposée la statue du culte. *Cella* en latin.

Nymphée : fontaine monumentale avec décor statuaire ou architectural.

Octostyle : à huit colonnes de façade.

Odéon : petit édifice en hémicycle et couvert, destiné aux représentations lyriques.

Période géométrique : nom donné par l'archéologie à une période caractérisée par les dessins géométriques qui ornent les vases. Elle succède aux "siècles obscurs", époque trouble et peu connue.

Pronaos : vestibule donnant accès au naos* dans un temple grec.

Propylée : entrée monumentale d'un édifice ou d'un espace.

Rhyton : vase à boire en forme de tête d'animal, parfois en forme de corne.

Stoa : portique-colonnade couvert et fermé d'un côté par un mur.

Télestérion : salle d'initiation pour la célébration des mystères.

Tesselles : petits cubes taillés de marbre, de calcaire ou de pâte de verre, assemblés pour former un décor de mosaïques.

Tétrastyle : à quatre colonnes de façade.

Thiase : cortège de figures mythiques accompagnant Dionysos ou les dieux de la mer, Amphitrite et Poséidon.

Tholos : bâtiment circulaire religieux ou civil.

Triglyphe : dans la frise dorique*, élément vertical de trois rainures qui alterne avec les métopes*.

Vierges hyperboréennes : deux jeunes filles d'un pays lointain, vers l'extrême nord… Hérodote avait vu leur tombe à Délos, où elles avaient apporté les objets sacrés du culte.

Index

Conception et réalisation : ASA Editions
   Direction éditoriale : Thomas Renaut
   Cartographie et illustrations : Christelle Molières
   Régie publicitaire : Marc Wiltz
Suivi éditorial : Assimil
Gravure : Edilog
Impression : Giunti
Textes : © Danielle Guéret
Photos : couv., pp. 1, 3, 4-5, 11b, 12d, 12g, 13bd, 13bg, 25, 30-31, 32, 34-35, 36h, 36b, 38-39, 40, 42g, 42d, 43g, 43d, 44h, 44b, 47, 48, 50, 52-53, 54, 60-61, 67h, 82-83, 88-89, 128 © Panos Sarianos ; pp. 10, 45, 51, 64-65, 67b, 70, 74-75, 76, 79, 80, 94-95, 96-97, 100, 102, 103, 107 © Jean Guy Cervera ; pp. 13, 71, 101, 104-105 © D.P. Guéret ; pp. 46, 55 © Sophie Postnic ; pp. 56-57 (De Wilde), 62d, 62g (Icone/Martel), 84, 90 © Hoa Qui ; pp. 11h, 16-17, 18-19, 22, 23, 24hg, 24hd, 24bg, 24bd, 27, 28, 29g, 29d, 49, 66h, 66b, 77, 78g, 78d, 85 © dr.

Merci tout particulièrement à Dominique Pierre Guéret et Gilles Méty.

Bien que le plus grand soin ait été apporté à la réalisation de ce guide, les erreurs ou omissions qui peuvent subsister ne sauraient engager la responsabilité de l'éditeur.

Assimil : 13, rue Gay-Lussac B.P. 25 94431 Chennevières-sur-Marne Cedex
Tél : 01 45 76 87 37 Fax : 01 45 94 06 55
ASA Éditions : 5 , rue Rennequin 75017 Paris.
Tél : 01 42 27 75 00 Fax : 01 42 27 75 05

ISBN 2-7005-0251-5
Achevé d'imprimer en avril 1998. N° d'édition 1421. Dépôt légal avril 1998. Imprimé en Italie.